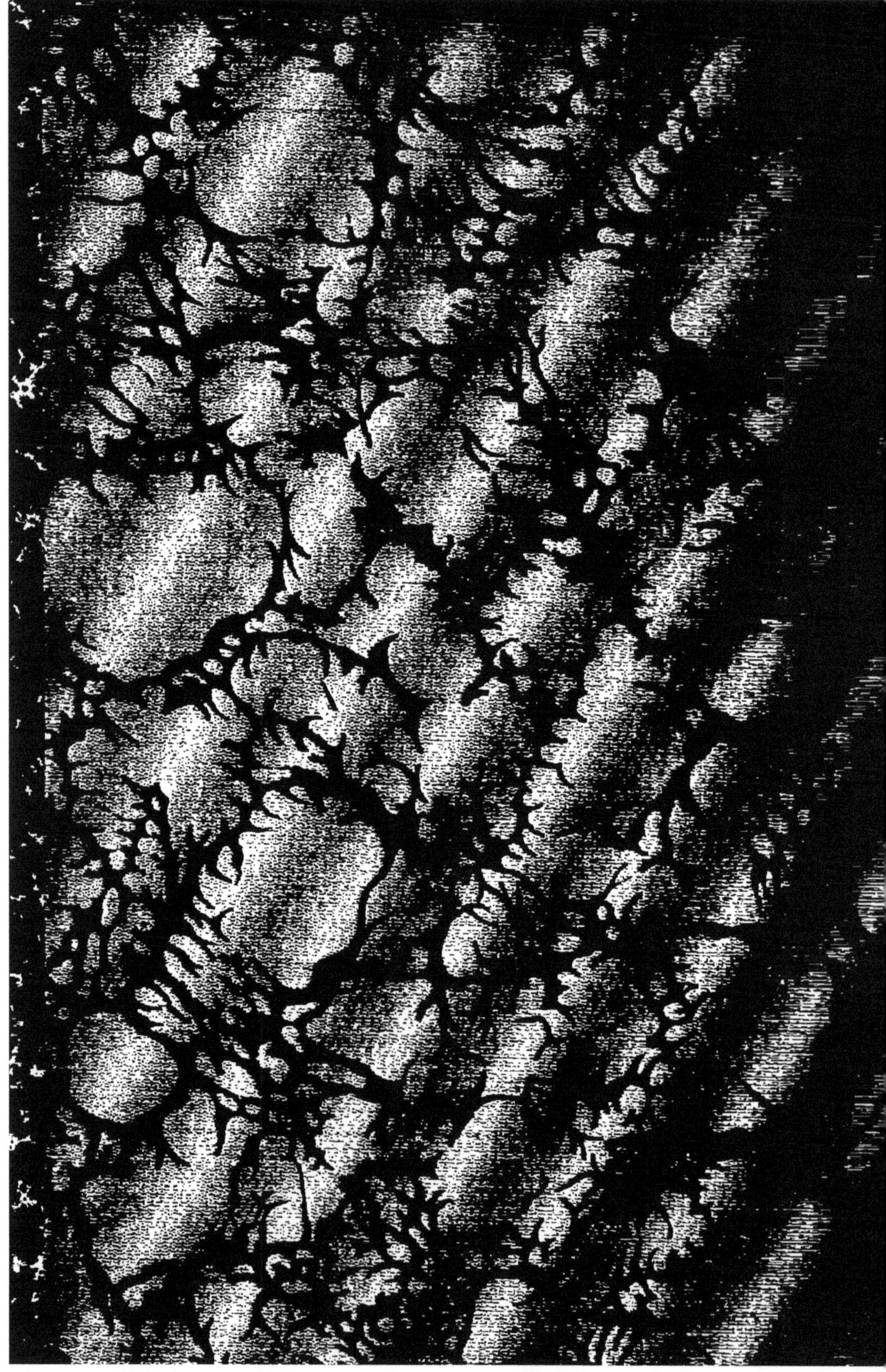

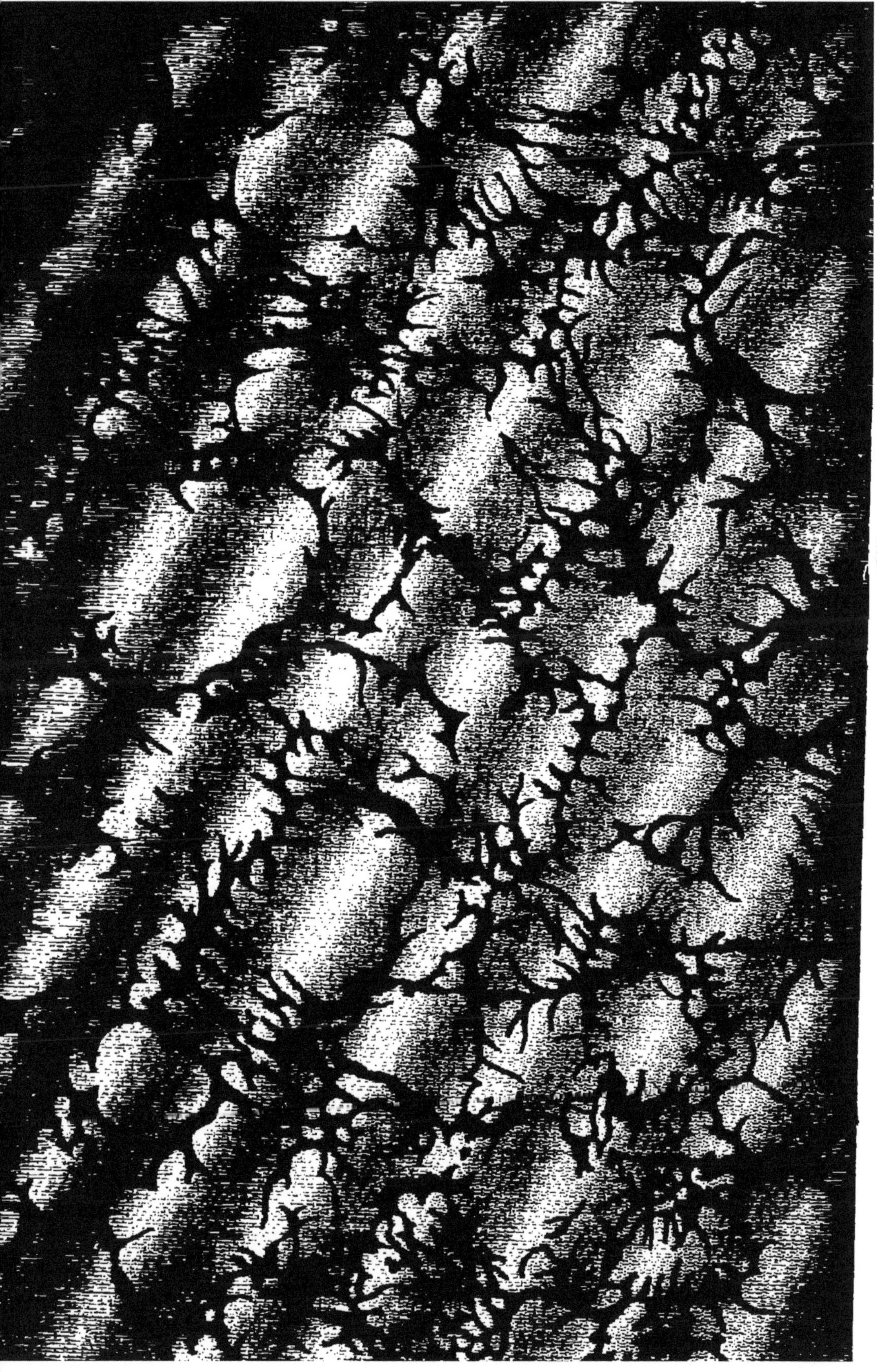

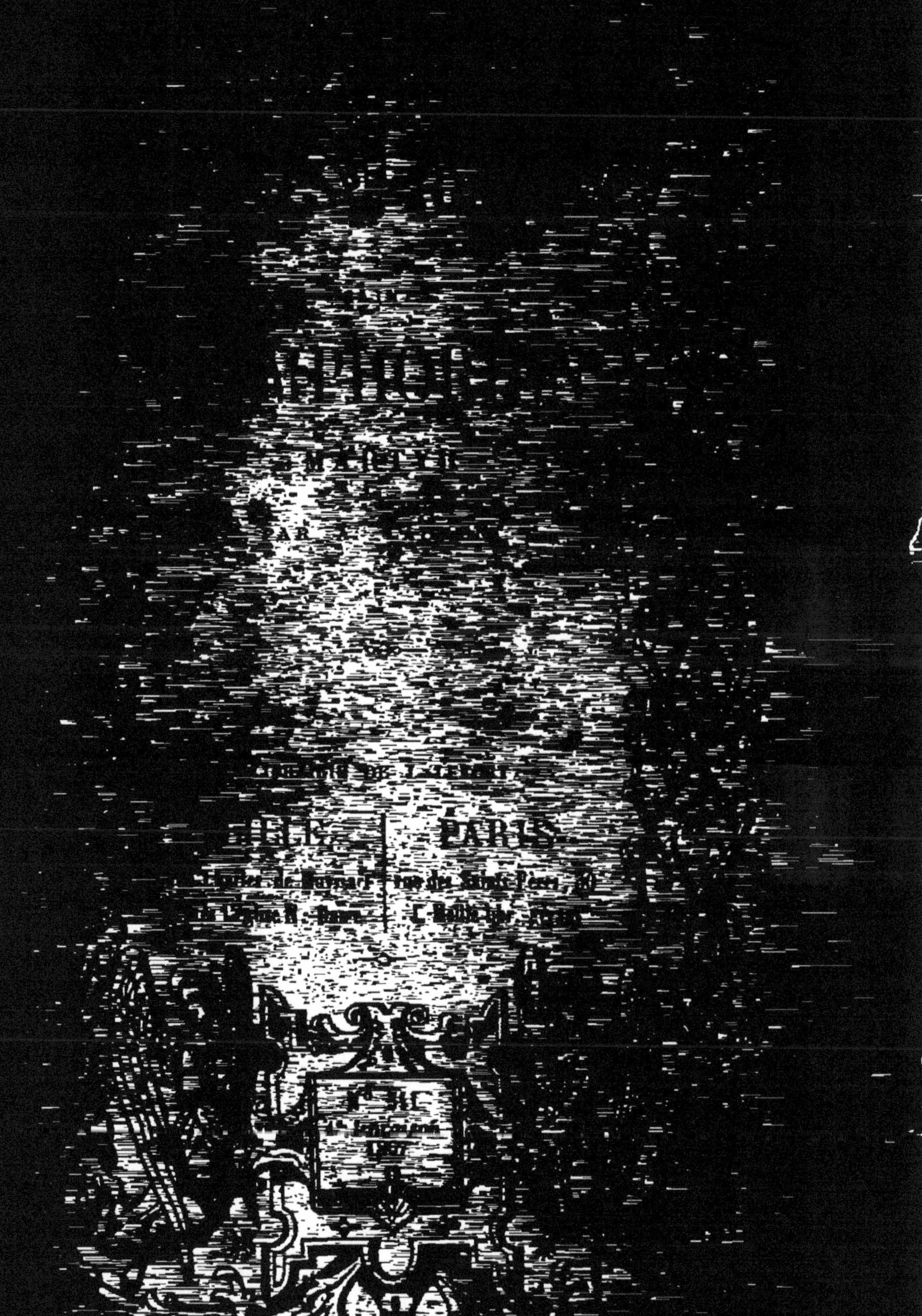

SAINT

SYMPHORIEN

In-12. 2e Série *bis*.

SAINT SYMPHORIEN

Courage, mon enfant, nous mourrons ensemble plutôt que de céder à leurs sollicitations.

SAINT SYMPHORIEN MARTYR

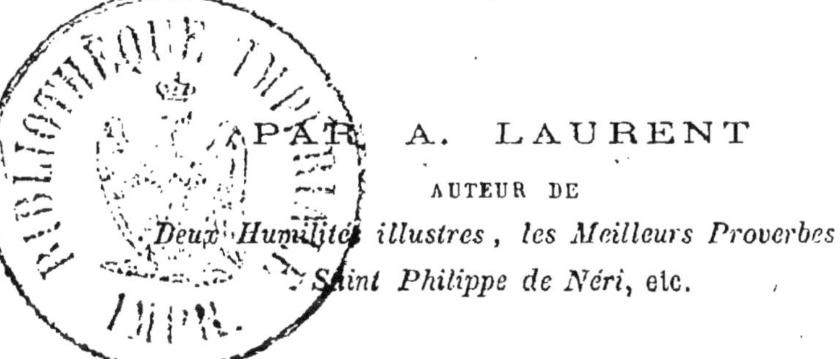

PAR A. LAURENT

AUTEUR DE

Deux Humilités illustres, *les Meilleurs Proverbes*, *Saint Philippe de Néri*, etc.

—◇◇◇—

LIBRAIRIE DE J. LEFORT

IMPRIMEUR, ÉDITEUR

LILLE	PARIS
rue Charles de Muyssart	rue des Saints-Pères, 30
PRÈS L'ÉGLISE NOTRE-DAME	J. MOLLIE, LIBRAIRE-GÉRANT

1867

SAINT SYMPHORIEN

I

Les apôtres d'Autun.

Avant de raconter la vie de saint Symphorien, d'après les témoignages authentiques des *Actes des martyrs* et de la tradition, il est nécessaire de dire au sein de quelle société naquit notre héros, quelles étaient les mœurs et les croyances des Eduens à l'époque où la bonne nouvelle de l'Evangile leur fut portée. Le passé explique le présent et fait présager l'avenir.

La Gaule entière était courbée sous le joug du paganisme ; les superstitions de tous ses conquérants s'étaient implantées dans son sein ; à ses fausses divinités elle avait joint celles des nations étrangères. Chez elle, comme à Rome, *tout était dieu, excepté Dieu lui-même*, lorsque le Ciel jeta un regard de miséricorde sur cette nation et résolut d'en faire la *fille aînée de l'Eglise*.

Vers la fin du second siècle, sous le pontificat de saint Anicet, Polycarpe, disciple de l'apôtre saint Jean, et évêque de Smyrne, vint du fond de l'Asie se jeter aux genoux du successeur de Pierre, du Vicaire de Jésus-Christ, et lui proposer la conquête de la Gaule par la croix. De fervents disciples, Irénée,

Bénigne, Andoche, le diacre Thyrse, le sous-diacre Andéol, Ferréol, Ferrutien, Valérien, Marcel, Félix, Fortunat, Achillée, s'offrirent à donner pour cette noble cause leur vie et leur sang. Conduits par le vénérable vieillard Pothin, ils s'embarquèrent sous les yeux de Polycarpe, qui les bénit une dernière fois en leur disant : « Partez, courageux enfants, allez combattre pour le Christ; soutenus par sa force divine, gagnez-lui de nombreux champions, avec qui vous travaillerez à de nouvelles victoires et partagerez votre bonheur éternel. Le ciel vous sera donné pour prix de vos travaux; puissent-ils être féconds les fruits de vos sueurs; puissent les âmes saintes que vous aurez converties réjouir le ciel lui-même! L'ange du Seigneur vous accompagne, allez. Dans la patrie éternelle, nous nous retrouverons tous; adieu, et au revoir là-haut! »

Le bienheureux Polycarpe reprit la route de son diocèse, où il trouva bientôt la couronne du martyre. Les flammes ayant rafraîchi son corps au lieu de le consumer, il périt par le glaive, en répondant à ses bourreaux : « Comment voulez-vous me faire renier le Christ? je le sers depuis quatre-vingt-six ans, et il ne m'a jamais fait que du bien. »

Pendant ce temps-là, les missionnaires, envoyés par lui, arrivaient au cœur de la Gaule, où ils fondaient l'illustre Eglise de Lyon.

Quelques pauvres bateliers furent leurs premiers fidèles; ils se réunissaient en secret dans une grotte profonde, cachée aux regards par une touffe de ronces, et dont l'image de Marie, apportée de l'Orient par saint Pothin, faisait tout l'ornement. Cette chapelle, remplacée aujourd'hui par l'église de Saint-Nizier, fut, au dire d'Innocent IV, le premier sanctuaire dédié à la Mère de Jésus, dans notre belle France, qui devait plus tard s'intituler *le royaume de Marie : Regnum Galliæ, regnum Mariæ.*

On ne sait pas combien d'années les fils spirituels de saint Polycarpe passèrent ensemble à Lyon. Toujours est-il sûr que le nombre des chrétiens étant déjà considérable dans cette cité, Pothin résolut d'y fixer son séjour avec quelques-uns de ses compagnons et Irénée son futur successeur. A tous les autres, il assigna une portion de la vigne du Seigneur à défricher. Le jeune Andéol eut aussi sa mission; après avoir demandé à Dieu de réunir au ciel ceux qui se séparaient sur la terre pour travailler au salut des âmes, il alla évangéliser les montagnes du Vivarais et les sanctifier par l'effusion de son sang.

Andoche, Bénigne et Thyrse remontèrent le cours de la Saône et se rendirent à Autun, *Augustodunum*, ville jadis opulente, la capitale des Eduens, *la sœur et l'émule de Rome*, le foyer de la corruption et des lumières païennes. C'était vers l'année 170.

En face de leur apostolat se dressaient de redoutables adversaires : les druides, à la fois devins, astronomes, magiciens, poëtes, médecins et sacrificateurs de victimes humaines; le polythéisme grec et romain qui avait élevé, à Autun, des temples à Minerve, à Apollon, à Jupiter et à toutes les divinités de l'Olympe; le culte des génies locaux et privés; les plaisirs des théâtres, des amphithéâtres, du cirque, des thermes; tous les raffinement de la volupté, toutes les jouissances matérielles. Chaque passion sensuelle avait son autel dans *Augustodunum*, puisqu'au rapport de Ladone, le moindre rocher supportait la statue d'un dieu ou d'une déesse : *nullum sine numine saxum*.

Les Eduens formaient la plus importante confédération de la Gaule celtique, sous l'autorité d'un magistrat élu annuellement avec le titre de *vergobret*. Tour à tour alliés et sujets des Romains, ils s'étudièrent à embrasser leurs croyances, leur morale, leurs pratiques trop connues et si honteuses! Il est facile de se faire une idée de la religion primitive des Eduens, en appréciant ce que pouvait produire cet affreux mélange de toutes les superstitions gauloises et romaines; mais, de l'excès du mal, le pays éduen s'éleva, par une faveur spéciale de la Providence, à un haut degré de perfection sociale et religieuse, en embrassant de bonne heure le christianisme.

Lorsque nos trois apôtres arrivèrent à Autun, leur cœur, contristé à la vue de tant de désordres, se remplit de joie en apprenant que plusieurs familles *chrétiennes* habitaient cette ville. On se demande par quelle voie leur était parvenue la connaissance de la vraie foi. Il faut se rappeler qu'après la mort du Christ, sa céleste doctrine fut prêchée en Provence par Lazare, ses deux sœurs Marthe et Madeleine, et son ami Maximin; dans plusieurs provinces gauloises par Trophime et Crescent, disciples de saint Paul, et par saint Paul lui-même, qui, si l'on en croit plusieurs historiens, aurait traversé la Gaule et même séjourné à Lyon, en se rendant en Espagne. Saint Luc évangélisa les habitants des bords du Rhône, et tout porte à croire qu'il envoya lui-même à Autun ses premiers missionnaires.

Dès les temps apostoliques, le divin Crucifié s'était fait des adorateurs dans la Gaule, mais en très-petit nombre. Le grain de sénevé allait, un siècle plus tard, devenir un arbre vigoureux et abriter à l'ombre de ses rameaux des milliers de croyants; le ruisseau devait former un grand fleuve.

L'Eglise d'Autun, comme celle de Lyon, a des traditions, une origine, des souvenirs tout particuliers; elle descend en ligne directe du cœur de saint Jean et elles touchent toutes deux de bien près au Sauveur Jésus. Le disciple bien-aimé instruisit saint Polycarpe et lui raconta tous les détails de la vie de son Maître, en lui transmettant le véritable esprit du christianisme. Celui-ci conserva ce précieux héritage, pour en faire part aux missionnaires qu'il donna, du fond de l'Asie, à Lyon et à Autun.

Une lettre de saint Irénée constate les titres de noblesse des fidèles de Lyon et d'Autun. « Mes jeunes années, dit-il, s'écoulèrent dans la demeure du bienheureux Polycarpe. Je me souviens parfaitement de toutes les circonstances de ce séjour; rien n'a pu en affaiblir la mémoire. Je vois encore la place où le saint évêque s'asseyait et parlait, toutes ses démarches, sa manière de vivre, l'air et les traits de son visage. J'entends encore les instructions qu'il adressait à son peuple et le récit de ses rapports intimes avec Jean et les autres qui avaient vu Jésus. Il répétait leurs propres paroles, tout ce qu'il avait entendu dire du divin Sauveur, de ses miracles et de sa doctrine. Ce qu'il apprit ainsi de ceux-là même qui avaient connu et entendu le Verbe divin, était en tous points conforme aux saintes Ecritures. Je n'écrivais point ces précieuses paroles que la divine miséricorde ne fit la grâce de recueillir, mais je les confiais à mon cœur où je les garde, et chaque jour, par la grâce de Dieu, je les répète et les médite sans cesse. »

Bénigne, Andoche et Thyrse furent conduits par un ange chez le plus riche et le plus vertueux des rares chrétiens disséminés dans la ville éduenne, comme des agneaux au milieu des loups, comme des plantes précieuses à travers un marécage. Il se nommait Fauste. Préteur et chef d'une famille sénatoriale, il était estimé de toute la contrée, plus encore à cause de ses qualités personnelles que par respect pour ses augustes fonctions.

Sa femme Augusta réalisait en elle le portrait que la Sagesse a fait de la *femme forte*. Epouse, elle savait lutter avec son mari en fait d'attentions, de délicatesse et de piété profonde. Mère, elle faisait de son enfant un autre elle-même, un modèle de perfection, un futur martyr. Renfermée dans sa famille, elle y trouvait les jouissances les plus pures et les moins fragiles. Pour une femme, le bonheur consiste à rendre le foyer domestique cher et attrayant, à s'en faire l'ange tutélaire; hors de l'intérieur de ce royaume elle cherche en vain la félicité.

Augusta vivait au sein d'une société avide d'émotions et de spectacles, où il lui était loisible de rencontrer à chaque pas tout ce que les profanes de tous les temps appellent plaisirs et fêtes. Aux âmes légères et vides de sentiments elle laissait ces chimères, pour puiser ses joies aux sources pures de l'amour de

Dieu, de son époux, de son fils, sainte passion qui seule satisfait le cœur sans le troubler!

Ces généreux chrétiens ouvrirent, avec une grande joie, leur somptueux logis aux messagers de la Providence. Depuis longtemps ils étaient privés de la présence d'un prêtre; ils avaient souvent demandé à Dieu de leur envoyer un de ses ministres, pour instruire et baptiser bon nombre de leurs parents ou amis, déjà chrétiens par le cœur.

Le même accueil reconnaissant et sincère réjouit, chaque jour, l'âme des apôtres modernes chez les peuplades indiennes ou chinoises. Comme Fauste et Augusta elles comprennent, ces petites chrétientés naissantes, les bienfaits inestimables de la religion, de ses sacrements et de ses ministres. Nous, habitués à être prévenus par la grâce et par tous les avantages spirituels que le Ciel nous a départis, nous sommes trop souvent de glace pour le salut de notre âme. Si la Providence nous eut moins favorisés, peut-être serions-nous moins ingrats! *Non fecit taliter omni nationi.*

II

Le jeune Symphorien.

Fauste et Augusta, obligés de taire leurs saintes croyances et de pratiquer en secret la religion de Jésus, élevèrent leur unique enfant avec la sollicitude la plus éclairée. Toutes les délicatesses dont on entourait alors, comme cela se pratique aujourd'hui, les premiers pas des fils de haute famille, leur parurent superflues, sinon dangereuses. La mollesse du corps engendre la faiblesse d'âme, et à cette époque où les chrétiens s'attendaient chaque jour à mourir sous la dent des lions ou sous le fer d'un proconsul, il était urgent de s'habituer, dès le bas âge, à envisager sans effroi les douleurs corporelles et les privations de tous genres.

La première éducation, celle qui se commence sur les genoux d'une mère et que rien ne saurait remplacer, exerça une très-grande influence sur Symphorien. Dès que ses yeux s'ouvrirent à la lumière, ils ne furent point frappés des symboles du paganisme; dans le foyer paternel il n'y avait point place pour les fausses divinités; on y adorait le vrai Dieu, le Dieu inconnu encore à presque toute la cité éduenne.

Elles durent être sublimes de tendresse et d'éloquence, les leçons d'Augusta à son fils. En face d'un crucifix, elle lui racontait la douloureuse histoire de notre Sauveur, soumis dans son enfance aux volontés de Marie et de Joseph, ami des pauvres et pauvre lui-même, persécuté, obligé de s'enfuir, de gagner sa vie à la sueur de son front et pardonnant de grand cœur à ses ennemis. Puis elle le lui montrait doux envers tous, humble jusqu'à l'anéantissement, compatissant pour les pécheurs, et attaché à la croix par amour pour les hommes.

Les larmes de Symphorien arrosèrent plus d'une fois la divine image, alors que sa mère ajoutait : « Voilà le modèle que tu devras retracer dans toute ta conduite ; comme lui, tu mépriseras ta fortune, ta noblesse et la gloire mondaine. Comme lui, tu seras patient, charitable, dévoué et pur, tu seras prêt à verser ton sang en témoignage de ta foi, s'il l'exige, lui qui a donné le sien pour toi. Les souffrances du Calvaire n'étaient-elles pas plus longues et plus lentes que celles de l'arène ? Courage, mon enfant, si les païens veulent nous arracher notre Dieu, nous mourrons ensemble plutôt que de céder à leurs sollicitations. »

Tandis que le cœur de Symphorien s'ouvrait à toutes les saintes inspirations de la vertu, son corps grandissait comme une victime préparée pour le sacrifice. Les qualités de son esprit, aussi précoce qu'extraordinaire, se développaient sous l'habile direction de son père. Si la science du salut, l'unique science nécessaire, lui avait été donnée par Augusta; la science profane, toujours utile quand elle est bien comprise, lui fut inculquée par Fauste, et ses progrès furent rapides dans l'une et dans l'autre. Les saintes lettres ne perdent point à être comparées aux chefs-d'œuvre de la littérature humaine : le grand et le sublime, ces reflets du *Verbe éternel*, ne se trouvent que là dans toute leur beauté.

Les courageux missionnaires, Bénigne, Andoche et Thyrse, admis comme les représentants de Jésus, dans cet intérieur de famille, continuèrent une œuvre si bien commencée. Symphorien devint l'objet de leurs plus chères espérances, le premier anneau d'une chaîne mystérieuse qui devait plus tard attacher au joug du Christ les habitants d'Autun; la brebis privilegiée du petit troupeau de chrétiens, dont la maison de Fauste fut le bercail et le sanctuaire.

Les instructions nombreuses, qu'il reçut de ces bouches si autorisées, confirmèrent toutes les dispositions de Symphorien, en le préparant à l'acte le plus solennel de la vie.

Le baptême, la confirmation et l'eucharistie se conféraient en même temps dans la primitive Eglise : il était trop difficile alors de participer souvent aux saints mystères, pour recevoir isolément les sacrements. Aux catéchumènes, on administrait tout d'abord les trois premiers, qui les initiaient à la vie chrétienne ; souvent même la persécution ne leur laissait pas le bonheur de recevoir une seconde fois la divine eucharistie.

Symphorien avait, selon toute apparence, atteint sa douzième année lorsque le grand jour de la régénération spirituelle lui fut annoncé. Quelques parents, amis et fidèles de la ville participèrent à cette fête, et reçurent avec lui le signe du chrétien, l'Esprit de force et le Pain des anges.

Tandis que la foule courait à ses plaisirs ou à ses affaires, eux gagnaient par une porte dérobée la maison de Fauste. Un oratoire y était préparé ;

sur cet autel, le premier construit à Autun, la Victime du Calvaire allait descendre pour la première fois. Quelles saintes émotions agitèrent le cœur de ces fortunés catéchumènes!... Un baptistère, des reliques des premiers martyrs, les tuniques blanches destinées aux nouveaux baptisés, des fleurs et des flambeaux faisaient tout l'ornement de ce berceau de l'église éduenne.

Lorsque la nuit eut ramené le silence et les ténèbres, la cérémonie commença.

Bénigne, assisté d'Andoche et de Thyrse, tous trois revêtus des ornements sacrés, rappela dans une dernière exhortation tous les devoirs d'un disciple de Jésus; puis s'adressant à Symphorien, il lui dit :

« Que désirez-vous de moi?...

— Je demande humblement la grâce du saint baptême.

— Etes-vous bien disposé à pratiquer fermement et à confesser la religion chrétienne ?

— Je le suis et le serai toujours, par le secours du ciel.

— Renoncez-vous aux voluptés païennes, au culte de la chair, aux plaisirs coupables, aux jeux du cirque, et à tout ce qui est contraire à la loi de Dieu.

— J'y renonce. »

Les exorcismes et les prières sacramentelles achevés, Bénigne lui donna le baptême par immersion. Plongé à trois reprises dans la piscine, Symphorien en fut relevé par Andoche, son parrain. Chacun des catéchumènes subit le même interrogatoire et reçut la même faveur. Quelques historiens prétendent que Fauste et Augusta furent baptisés avec leur fils; c'est une erreur. Nous avons dit que, depuis longtemps, quelques rares chrétiens habitaient Autun et avaient reçu le baptême, avant l'arrivée de saint Bénigne.

Le sceau de la confirmation fut imprimé sur le front de Symphorien. Ce signe indélébile qui caractérise, distingue tous les membres de la milice sainte, et les rend plus courageux en face du respect humain, des défaillances de la nature, embellit son âme si pure et si aimante. Il ne craindra pas les supplices, celui qui porte si dignement les livrées du Christ.

En compagnie de son père et de sa mère, Symphorien reçut, sur ses mains couvertes d'un voile blanc, selon l'habitude des premiers temps apostoliques, la chair sacrée et le vin précieux qui engendrent les martyrs et les vierges. La communion sous les deux espèces se pratiquait alors ; le diacre était chargé de l'offrir aux fidèles : Thyrse remplit ce saint office dans la maison de Fauste. Tous les fidèles prirent part au céleste banquet ; nos premiers ancêtres dans la foi n'assistaient jamais au sacrifice de la messe sans faire la sainte communion.

Le frugal mais joyeux repas des agapes fraternelles réunit, sous les yeux des trois apôtres, les heureux témoins de cette fête; puis ils se dispersèrent pour rentrer dans leurs familles, vaquer à leur commerce et montrer aux yeux de leurs voisins le flambeau de la vérité. Ce genre de prédication, modeste et condamné en apparence à la stérilité, devait produire des résultats merveilleux : rien de plus touchant que cette conversion d'un peuple par lui-même, d'une famille par un de ses membres.

Symphorien, après sa première communion, persista dans la ferveur et dans l'étude de la loi divine. Son père continua ses leçons d'histoire, de poésie, d'éloquence, de littérature grecque et romaine. De plus, il le fit étudier chez les plus habiles maîtres de l'époque, qui abondaient à Autun réputé la ville savante par excellence. Les Romains favorisaient, dans un but politique, les sciences et les arts; aussi suivant la remarque d'un savant historien : « Les études, absorbant l'activité du caractère gaulois, servirent merveilleusement de passage aux institutions de la conquête. » Les études profanes, loin de nuire à la piété de Symphorien, lui servaient d'échelons pour s'élever vers le Maître de toute doctrine; car, si peu de science éloigne de la religion, beaucoup de science y ramène.

Aux écoles publiques, vaste foyer de la corruption païenne, au milieu de vingt mille étudiants venus de différentes régions, Symphorien prenait avec distinction part aux tournois littéraires, si célèbres sous le nom de *déclamations;* mais il était loin d'imiter la conduite de ses concurrents. Cette jeunesse, abandonnée à elle-même dans un pays que l'austère Tacite nous dépeint comme regorgeant de richesses et de voluptés, se livrait à tous les délires, à tous les excès des passions. Avec la double égide de la prière et de la fuite des occasions, Symphorien passa sans péril, de la jeunesse à l'âge viril, conservant son cœur et ses sens purs de toute souillure.

La candeur de l'enfant s'alliait en lui à la prudence du vieillard, et l'opinion publique le proclamait, comme malgré elle, le jeune homme irréprochable par excellence. Deux chemins lui étaient familiers, celui de la maison paternelle et celui des écoles. Après ses études, il aimait à se reposer dans la conversation de sa pieuse mère, à passer de longues heures, enfermé dans son oratoire, à lire avec son père les saintes Ecritures, où il apprenait à devenir chaste par l'exemple de Joseph, juste par celui de Tobie, fidèle à ses devoirs comme Eléazar, courageux comme les Machabées.

La carrière de Symphorien ne devait pas être de longue durée, aussi son rapide passage sur la terre fut-il bien rempli. En peu de temps, il accomplissait des œuvres de perfection qui semblent exiger de nombreuses années : la vertu décuple les forces humaines et demande au temps tout ce qu'il peut donner. Les plus longues vies ne sont pas toujours les mieux remplies; celle de Symphorien n'avait rien à leur envier : *Consummatus in brevi, explevit tempora multa.*

III

Une famille de martyrs.

Bénigne, Andoche et Thyrse, après la fondation de la chrétienté d'Autun, quittèrent cette ville pour entreprendre de nouvelles conquêtes. Le soin de veiller au maintien de leurs travaux fut confié à d'autres prêtres, envoyés probablement par saint Irénée.

A la prière de Fauste, qui avait des parents dans ces localités, ils évangélisèrent d'abord Saulieu et Langres. Près de cette capitale des Lingons, habitait sa sœur Léonille, riche matrone et fervente chrétienne, chargée de trois orphelins, ses petits-fils. Bénigne, muni d'une lettre de Fauste à qui il tenait à témoigner sa reconnaissance, alla seul la trouver, tandis que ses collaborateurs se rendaient à Saulieu.

Cette vénérable aïeule, affligée encore de la mort de sa fille et de sa belle-fille, qui lui avaient laissé trois jumeaux, Speusippe, Eleusippe et Méleusippe, reçut l'apôtre avec grand bonheur. Elle lui confia d'abord ses peines passées, les consolations présentes que lui donnaient ses petits-fils par leur noble conduite, et son regret de ne pas les voir initiés à la connaissance de Jésus-Christ. Jamais elle ne leur avait parlé de la religion chrétienne, attendant sans doute quelques circonstances favorables, ménagées par la Providence; elle brûlait néanmoins du désir de les gagner à la vraie religion, de les conduire sur les traces de leur cousin Symphorien, avec qui ils avaient déjà tant de traits de ressemblance.

Ces jeunes gens avaient trop de délicatesse et de grandeur d'âme, pour ne pas comprendre le néant des superstitions païennes. Le moment de la grâce était venu : ils ne lui résistèrent point.

Le jour d'une fête en l'honneur de la déesse Némésis, ils apportèrent des viandes consacrées et prièrent Léonille de prendre part au festin. Celle-ci les conduisit à Bénigne, le leur présenta comme l'envoyé de Dieu, l'ami de leur oncle Fauste, le ministre de la religion que leur mère avait professée et qu'elle-même pratiquait à leur insu. Elle les conjura, les larmes aux yeux et avec l'accent irrésistible de la tendresse, de l'écouter et d'approfondir avec lui l'étude du christianisme.

Bénigne prit la parole à son tour, et, dans un rapide exposé de la vie, de la mort, de la doctrine de Jésus-Christ, il leur donna une haute idée de l'Evangile. A mesure qu'il exposait les preuves de la divinité de la seule et vraie religion, il communiquait à leurs esprits un vif désir de mieux la connaître. Les questions et les objections résolues, les trois jumeaux avouèrent n'avoir jamais rien entendu d'aussi sublime, regrettant que leur aïeule ne leur eût pas parlé plus tôt de ces saintes croyances.

Léonille, au comble du bonheur, les embrassa à plusieurs reprises, répétant que, du haut du ciel, leur mère se réjouissait de cette triple conversion. Un seul chagrin assombrissait sa vie : son fils, leur père, n'avait point connu la vérité et était mort dans les ténèbres du paganisme !

La nuit précédente, chacun d'eux avaient eu un songe mystérieux; et, en se le communiquant, ils rencontrèrent, dans cette étrange vision, un emblème parfait des vérités chrétiennes que leur enseignait Bénigne. D'un commun accord ils s'avouèrent vaincus, et demandèrent à l'apôtre de les rendre chrétiens sans aucun retard.

Toutes les idoles, tous les monuments du culte païen, les statues, les urnes, les bois sacrés, les autels, devinrent la proie des flammes. Bénigne éleva un sanctuaire dédié à saint Jean, à la place occupée naguère par Némésis, et y offrit tous les jours le saint sacrifice. Léonille fit instruire par lui toutes les personnes de sa maison, avec ses trois petits-fils, et bientôt elle les accompagna au baptistère et à la sainte table.

Saint Bénigne la laissa jouir de son

bonheur surhumain, pour voler à Dijon. Tandis qu'il y travaillait à étendre le règne de Jésus-Christ, des menaces de persécution circulaient fréquentes et terribles. L'orage grondait depuis quelques mois ; l'enfer irrité appelait sur les nouveaux chrétiens la foudre et la vengeance des Césars.

Speusippe, Eleusippe et Méleusippe eurent le courage de publier leurs convictions et de professer ostensiblement le christianisme. Grande rumeur dans toute la cité. Les prêtres des idoles, les juges, le peuple s'indignèrent à la pensée que les dieux de la patrie étaient reniés par la famille la plus illustre de Langres ; une telle audace ne devait pas rester impunie, sinon la colère des dieux ferait des victimes.

Les trois jumeaux comparurent devant le tribunal impérial, sans être intimidés par les menaces. Leur visage calme et serein ne trahissait aucune émotion pénible ; il resplendissait d'une mâle beauté, mais leur âme était plus belle encore : *aspectu pulcherrimo, animo pulchriore.* L'Esprit-Saint leur inspira de sages réponses durant l'interrogatoire, en leur donnant la force de confesser leur foi et de rendre témoignage au Christ.

« Pourquoi, malheureux, s'écria le président irrité, méprisez-vous les ordres des empereurs et les dieux de vos ancêtres, pour adorer un homme mis en croix ?....

— Pourquoi, adorez-vous vous-même des dieux de pierre et de marbre, sans esprit et sans vie ? ne voyez-vous pas qu'ils sont des mythes et non des réalités ? Nous seuls connaissons le vrai Dieu, la Trinité auguste, le Père, le Fils et le Saint-Esprit, et nous sommes prêts à mourir pour son amour. »

Un juge, ivre de colère, donna un soufflet à Speusippe et à Eleusippe. Leur frère lui dit aussitôt : « Pourquoi ne m'avez-vous pas fait comme à eux l'insigne honneur de souffrir pour Jésus-Christ? je suis pourtant avec eux en communauté de croyances et de sentiments ; tous trois nous attendons la même éternité et les mêmes récompenses.

— Votre supplice sera bientôt prêt, reprit le président.

— Tous vos tourments, aussi nombreux qu'ils soient, nous serviront à vous montrer la puissance du Dieu que nous servons.

— Il faut leur arracher la langue, si nous voulons qu'ils n'insultent point nos divinités et nos personnes, dit un autre juge.

— Il est en votre pouvoir de nous arracher la langue, mais vous ne nous ravirez point notre foi. Si nos bouches ne peuvent point célébrer les perfections de Jésus, notre cœur ne cessera de le bénir.

— Insensés! vous désirez donc la mort?

— Oui, nous désirons la gloire de mourir pour Jésus; la mort est le chemin qui conduit à la vie heureuse et sans fin.

Les juges, qui ne connaissaient point la vertu d'une mère chrétienne, mandèrent Léonille et lui conseillèrent de faire usage de tout son crédit pour sauver ses petits-fils. Elle se hâta de les re-rejoindre et de pourvoir véritablement à leur salut, en leur disant : « La foi, mes enfants, me donne la force de maîtriser mon cœur et de me réjouir de vos souffrances. Jamais vous ne fûtes plus nobles, plus riches, plus aimables qu'en ce moment. Combattez, vaillants soldats, sans déserter votre drapeau, sans craindre les tortures. Elles durent un instant pour vous mériter un bonheur éternel. Promettez-moi de ne pas abandonner la lice, de ne point perdre courage. »

Ils lui promirent fidélité à la cause de Jésus-Christ, et l'embrassèrent une dernière fois.

Par l'ordre des juges, ils furent attachés à un arbre, les pieds et les mains liés, et suspendus dans l'espace. Leurs os se brisèrent, et leur corps tout entier se disloqua de la façon la plus douloureuse. Au lieu de se plaindre, ils se disaient tout haut bienheureux d'avoir un trait de ressemblance avec Jésus cloué à l'arbre de la croix, de souffrir avec lui et pour lui.

— Vous ne mourrez point sur cet

arbre, mais dans le feu, s'écria le juge.

— Nous vous remercions, répondit Méleusippe; purifiés par le feu comme l'or dans le creuset, nous serons plus dignes de paraître devant le Seigneur et plus grandement récompensés.

Conduits sur un bûcher ardent, ils furent précipités au milieu des flammes. Par un miracle renouvelé de celui des Hébreux, elles brûlèrent les cordes qui retenaient les martyrs, sans effleurer leurs corps. Lorsque le bois fut consumé, ils parurent sur un monceau de cendres, sans la moindre brûlure, radieux, sains et saufs. Les païens, témoins de ce prodige, étaient saisis d'effroi, se croyant sous le charme de quelques génies malfaisants.

Un chœur d'anges descendit du ciel pour recevoir les âmes des martyrs qui, peu après, s'envolèrent au ciel. Les trois jumeaux quittaient ensemble la vie, qu'ils avaient reçue le même jour, vingt-cinq ans auparavant.

Du sein de la multitude s'élança une femme jusqu'au pied du bûcher, se disant chrétienne et pleine de mépris pour les honteuses idoles. C'était Gunille, la servante de Léonille. Toutes deux furent éprouvées par différents supplices et enfin décapitées. Le sang des martyrs devint une semence de nouveaux chrétiens ; plusieurs témoins de ce merveilleux spectacle crurent au Christ et reçurent sur-le-champ la couronne du martyre. Les bourreaux eux-mêmes, vaincus par la grâce, prenaient place parmi les victimes !

L'endroit où se passa cette héroïque scène a toujours été respecté des fidèles. « Les circonstances de la vie et du martyre des saints Gémeaux *(gemini)*, appuyées d'une tradition constante, et transmise de race en race jusqu'à Warnahaire, prêtre de Langres, qui transcrivit leurs actes à la demande de saint Céraune évêque de Paris, ne permettent pas de douter que l'histoire de ces martyrs ne soit telle que ces mêmes actes nous l'apprennent. C'est des trois saints Gémeaux que le village de Saint-Geosmes, près Langres, a tiré son nom. Par le titre de la fondation de l'église de Saint-Geosmes, et par d'anciens manuscrits, on apprend que quelque temps après la mort de ces saints et de leurs compagnons, les chrétiens firent bâtir sous terre un oratoire que l'on a conservé jusqu'à présent dans son entier, et sur lequel le chœur de l'église prieurale a été élevé. Cet oratoire renferme le tombeau des trois saints. Il est soutenu par des colonnes de pierres, à la manière des cryptes des premiers fidèles. »

Ce témoignage d'un historien de la Bourgogne confirme, au point de vue profane, la véracité de la touchante légende des trois jumeaux!

IV

Les pasteurs immolés.

Nous avons laissé Symphorien recueilli et absorbé dans l'étude et la pratique des perfections évangéliques. Depuis l'heure où le baptême, l'eucharistie et la confirmation ont transformé son cœur, il ne cessera jusqu'à son dernier soupir de progresser sur le chemin de la vertu. Comme celle de son divin Modèle, la vie de Symphorien peut se résumer en quelques mots. *Il leur était soumis, il grandissait en âge et en sagesse devant Dieu et devant les hommes*, dit l'Evangile à propos du divin fils de Marie. C'est là toute l'histoire de son séjour à Nazareth. Nous pouvons comparer respectueusement l'intérieur de la famille de Fauste à celle de saint Joseph. Tout s'y passe dans le calme et la prière, jusqu'au moment où nous retrouverons Symphorien, âgé de vingt ans, conduit au supplice.

Les apôtres, qui l'avaient fait enfant de Dieu, lui laissèrent après eux un bel exemple à imiter; leur mort éclaira ses derniers jours, comme un phare lumineux, et adoucit la sienne. Mourir à la suite de personnes aimées, ce n'est plus l'isolement froid et pénible qui double l'horreur du trépas; c'est une fête de famille, commencée sur la terre pour se continuer toujours dans le ciel.

Les pasteurs de l'Eglise de Lyon étaient morts avec des milliers de chrétiens. Ceux de l'Eglise d'Autun, leurs amis et leurs frères, ne devaient pas être épargnés.

Bénigne évangélisait Dijon, lorsque l'empereur Marc-Aurèle y arriva pour poursuivre les barbares et persécuter en même temps la religion chrétienne. L'apôtre fut amené devant le prince philosophe, qui lui demanda son nom et sa patrie.

« Je suis venu de l'Orient, par l'ordre de Polycarpe, évêque de Smyrne, avec plusieurs compagnons que vous avez fait mourir.

— Adore mes dieux ; tu en seras le grand-prêtre et tu habiteras mon palais.

— Je ne veux point de votre sacerdoce ni de vos honneurs ; loup ravisseur, des châtiments terribles vous sont réservés dans l'autre vie ; vous ne parviendrez pas à me faire renier le Christ. »

Flagellé avec des nerfs de bœufs, étendu sur le chevalet, couvert de sang et de blessures, Bénigne fut conduit en prison, où un ange guérit ses plaies. Le lendemain, s'étant de nouveau raillé des dieux, on lui remplit la bouche de viande immolée aux idoles. Sur un signe de croix, toutes ces idoles disparurent comme de la fumée.

« Nos dieux t'obéissent, s'écria l'empereur effrayé; obéis leur à ton tour, et tu deviendras puissant à ma cour.

— Il faut, prince, que votre cœur soit bien aveuglé, et vos yeux bien faibles, pour ne pas voir dans la destruction de vos idoles le pouvoir de Jésus-Christ. »

Marc-Aurèle ordonna de le reconduire en prison, de lui sceller les pieds avec du plomb fondu dans une fente de rocher, de lui mettre sous les ongles des pointes de fer rougies au feu, de le laisser sans nourriture pendant six jours, et d'enfermer avec lui des chiens féroces et affamés.

Bénigne passa les six jours indiqués dans son cachot, sans être seulement touché par ces animaux; ses pieds et ses mains furent délivrés de leurs entraves par un ange qui lui apporta une nourriture céleste. L'étonnement de l'empereur fut à son comble, lorsque, au sixième jour, on lui amena l'apôtre plein de vie. Honteux de son impuissance, il donna ordre de lui briser la tête avec une barre de fer et de le percer avec une lance. Les chrétiens virent l'âme du bienheureux s'envoler au ciel, sous la forme d'une colombe; une odeur plus suave que tous les parfums se répandit autour de la prison. Ainsi mourut le saint prêtre Bénigne, vers l'an 179.

Andoche et Thyrse gagnaient à Saulieu bon nombre d'âmes à Jésus-Christ, lorsqu'un jour l'empereur se rendit en personne dans la maison de Félix, riche et pieux négociant, qui leur donnait une gracieuse hospitalité. En ce moment ils annonçaient la parole du salut à quelques catéchumènes. L'empereur demanda que tous lui fussent amenés sur-le-champ. Félix ayant refusé d'ouvrir sa porte, les satellites la brisèrent et se saisirent des deux missionnaires. Félix ne voulut point séparer son sort de celui de ses hôtes, et il les conjura de lui obtenir la grâce de souffrir le martyre avec eux et de les suivre au ciel.

« Comment vous nommez-vous? d'où venez-vous? quel est votre Dieu? dit le tyran.

— Nous sommes venus de l'Orient, je m'appelle Andoche, mes frères se nomment Thyrse et Félix ; nous adorons Jésus-Christ, le Créateur du ciel et de la terre.

— Êtes-vous venus d'une région si éloignée pour combattre nos dieux et notre autorité ?

— C'est le Christ qui nous a envoyés pour prêcher sa doctrine.

— Ne savez-vous donc pas que mes édits et ceux de mes glorieux prédécesseurs infligent mille supplices et la mort à ceux qui n'adorent point les dieux de l'empire.

— Nous le savons, mais il ne nous est pas possible de renier le vrai Dieu pour nous prosterner devant des idoles de bois ou de pierre, sourdes et muettes.

— Vous osez dire Saturne et Jupiter de muettes idoles ?

— Sans doute, puisqu'ils ne marchent pas et ne vous voient pas même.

— Si vous sacrifiez à nos dieux, je vous donnerai des richesses et des dignités dans mon palais. Sacrifiez, au lieu de chercher la mort pour celui que ses concitoyens ont mis en croix.

— Que vos richesses périssent avec vous, si vous croyez que nous vendrons notre Dieu en échange de votre argent. Nous sommes prêts à mourir, mais nous ne renoncerons point à Jésus-Christ et aux récompenses qu'il nous réserve dans son royaume céleste. Là nous jouirons d'un bonheur sans fin, tandis que les adorateurs de vos idoles seront jetés pour toujours dans le feu éternel. Convertissez-vous à Jésus-Christ, si vous voulez éviter ce malheur.

Durant un jour, ils furent suspendus par les mains à un arbre, et leurs pieds étaient attachés à de grosses pierres. Cet horrible supplice ne leur causa pas la moindre souffrance. Le lendemain, le tyran, fort surpris de les revoir en pleine santé, leur demanda s'ils n'étaient point encore prêts à lui obéir.

— Nous ne portons aucune trace des tortures que vous nous avez fait subir; prince obstiné, vous voyez bien que Jésus-Christ nous protége.

— Si vous ne sacrifiez pas aux dieux, vous allez être précipités dans les flammes.

— Voici nos corps, vous pouvez en faire ce que le démon vous conseillera, les détruire, les brûler et même les manger. Notre âme vous échappera toujours, et malgré vous elle ne cessera de confesser le Christ.

Ils furent, en effet, mis sur un bûcher ardent, mais une pluie abondante éteignit aussitôt les flammes. Les martyrs, après ce nouveau prodige, se rendirent chez l'empereur pour le lui annoncer :

« Nous avons encore échappé à vos supplices; nos corps sont intacts. Comprenez-vous maintenant la puissance de Jésus-Christ; vous avez encore le temps de croire en lui, car sa miséricorde l'emporte sur sa justice, et vous n'aurez point à craindre au jour de sa vengeance.

— Ce sont mes dieux qui vous ont sauvés de la mort, et non pas votre Christ.

— Il n'y a qu'un cœur de pierre capable de résister à la vue d'un tel miracle, à la voix du Dieu que nous adorons.

Marc-Aurèle en finit avec ces courageux chrétiens, Andoche, Thyrse et Félix, en les faisant assommer le 24 septembre de l'année 179.

Symphorien se hâta d'aller avec son

père recueillir leurs restes sacrés; il les ensevelit pendant la nuit dans un endroit solitaire. Dès lors il ne pouvait quitter ce tombeau; on avait peine, disent ses actes, à l'arracher à ce lieu vénérable, où il passait de longues heures en prières. Fauste de son côté écrivait la biographie des trois martyrs pour l'adresser aux églises de Lyon et d'Asie.

La lettre à jamais mémorable des chrétiens de Lyon, la nouvelle de la mort de Léonille et de ses trois petits-fils, du martyre de Marcel à Châlons, de Valérien à Tournus, remplirent Symphorien d'une sainte émulation. De toutes parts les chrétiens cueillaient des palmes immortelles; sa tante, ses cousins, ses pères dans la foi, plusieurs de ses amis avaient versé leur sang et acquis une gloire sans égale, sera-t-il épargné? Chaque jour, il est permis de le croire, en vénérant les reliques de ces confesseurs de la foi, il les conjurait de lui mériter la même couronne et la même mort.

Dieu ne laissa pas longtemps son jeune serviteur languir dans cette attente et accepta le sacrifice de sa sainte vie si pure et si courte.

V

Symphorien mis à mort.

A Autun, comme à Rome, la persécution n'avait laissé aux chrétiens d'autre asile que les catacombes. Le paganisme, plus occupé des douceurs de la vie que de la pensée de la mort, ne songeait point à les poursuivre dans les cimetières. Aussi, dans le polyandre de la *via strata*, se réunissaient-ils pour participer aux saints mystères. Un prêtre les célébrait sur les tombes, et adressait aux assistants d'ardentes exhortations sur leurs devoirs dans les circonstances présentes. Symphorien se faisait remarquer entre tous par son assiduité et sa ferveur; à mesure qu'il approchait du but tant désiré, il semblait ne plus appartenir à la terre.

Un an après la mort de ses cousins, il traversait la ville, lorsqu'au détour d'une rue il rencontra le cortége des adorateurs de l'infâme déesse Bérécynthe, protectrice de la débauche et de l'orgie. L'indignation s'empara de son âme, à la vue de cette fète de la corruption, et il témoigna vivement son mépris pour la déesse et sa pitié pour ses sectateurs.

La foule poussa un long cri de fureur et entoura l'audacieux blasphémateur; les menaces, les injures ne troublèrent pas la sérénité de son visage ni la paix de son cœur. Quelques misérables, à qui sans doute il avait donné plus d'une fois l'aumône, le reconnurent et crièrent plus haut que les autres : « C'est un chrétien! un sacrilége! qu'il adore la déesse qu'il vient d'insulter, ou faisons-le mourir. »

Symphorien, sans craindre d'être mis en pièces par cette multitude exaspérée, répondit : « Oui, je suis chrétien, et à ce titre, dont je suis fier, je ne pourrai jamais me prosterner devant une impure et vaine idole. »

On le traîna, en l'accablant d'insultes, devant le proconsul.

Les actes de saint Symphorien nous ont conservé de précieux détails sur sa sublime conduite en face de la mort.

Quelle est ta condition, quel est ton nom? demanda Héraclius, fièrement assis sur son tribunal.

— Je me nomme Symphorien et suis chrétien.

— Tu es chrétien? il est trop difficile qu'un grand nombre de gens de cette sorte se trouve ici, pour que tu n'aies pas été obligé de te cacher avec soin. Pourquoi n'as-tu pas voulu adorer et as-tu insulté la mère des dieux?

— Parce que je suis chrétien et que je n'adore que le seul vrai Dieu qui règne dans le ciel. Pour votre simulacre du démon, je vous assure que je ne l'adorerai jamais, et je suis même prêt à le briser, si vous y consentez.

— C'est probablement ta naissance qui t'inspire cette indépendance dont tu te fais gloire; peut-être n'as-tu voulu que faire parler de toi en embrassant la secte des chrétiens! Tu ne connaissais probablement pas l'édit de l'empereur, que le greffier va te lire[1] :

[1] Il est prouvé, malgré quelques historiens, que Marc-Aurèle lança un édit de persécution. Sur ce point de controverse, et à propos de plusieurs autres questions douteuses, nous suivons les Bollandistes. Avec de tels guides on ne peut s'égarer.

« Marc-Aurèle, empereur, à tous les magistrats.

« Nous avons appris que certaines personnes qui se donnent le nom de chrétiens transgressent les lois de l'empire. Faites-les arrêter, imposez-leur divers supplices s'ils ne veulent pas sacrifier à nos dieux, et que la mort des coupables détruise le mal à la racine. »

Symphorien, qu'as-tu à répondre? Crois-tu qu'il nous soit loisible de violer des ordres aussi formels? Les deux chefs d'accusation signalés dans l'édit te regardent : tu es reconnu sacrilége pour avoir méprisé les dieux, et rebelle pour avoir désobéi aux lois. Ce double crime si tu ne m'obéis pas, sera lavé dans ton sang, car les dieux et les lois le demandent.

— Jamais cette statue ne me paraîtra autre chose qu'un vil simulacre, un instrument du culte du démon, son image, un fléau public, un expédient de l'enfer pour perdre les hommes. Il ne m'est pas possible de lui rendre mes hommages; tout chrétien qui retourne en arrière afin de satisfaire de honteuses et criminelles passions, court à l'abîme, car il quitte la véritable voie, est surpris par les piéges de l'ennemi du genre humain et perd la récompense qui lui est promise. Notre Dieu punit le crime comme il récompense la vertu, il donne aux serviteurs fidèles une vie qui ne doit pas finir et des peines éternelles aux méchants. N'est-il pas plus avantageux pour moi de persister dans la confession de ma foi, qui me conduira au port du salut, que d'écouter le démon, dont le but est de me perdre, et de faire ainsi un irréparable naufrage.

— Licteurs, frappez de verges et conduisez en prison Symphorien, puisqu'il désobéit et s'obstine dans son égarement. »

Cet ordre barbare fut exécuté dans toute sa rigueur. Symphorien, le corps déchiré par les coups et ruisselant de sang, fut jeté dans les fers, au fond d'un horrible cachot. Le divin Consolateur, le seul qui ne manque jamais aux malheureux, y descendit avec lui et inonda son âme de consolations. La pensée d'avoir rendu témoignage une première fois à la religion du Christ et de l'avoir confessée jusque sous la main des bourreaux, l'attente de nouveaux combats, la prière et l'espoirde la couronne absorbaient toutes ses pensées.

On a lieu de croire que sa famille le visita dans sa prison; car, dit un vieil historien, « la bonne Augusta, sa mère, le consolait grandement, le priait affectueusement et d'une amitié maternelle de résister avec constance, voire même jusqu'à la mort, aux alarmes et aux assauts rigoureux des ennemis, l'assurant d'une gloire immortelle qu'il recevrait de Jésus-Christ.... Symphorien lui répondit et l'assura que, moyennant la grâce de Dieu, il endurerait volontiers la mort pour lui. »

Le courage de cette mère devait augmenter celui de son fils et le confirmer dans ses saintes dispositions. Pour dominer ainsi les sentiments les plus tendres, pour étouffer le cri de la nature, pour s'arracher des bras d'une mère et aller au-devant de la mort, ne fallait-il pas plus que du courage, plus qu'une vertu ordinaire?

Héraclius, s'imaginant que Symphorien serait disposé à lui obéir après quelques jours de souffrances, le fit sortir de son affreux réduit et comparaître devant son tribunal. Au lieu de l'intimider par des menaces, il essaya de le gagner par des promesses, par la douceur et la flatterie. Symphorien pouvait à peine se tenir debout, tant il avait souffert dans son cachot; ses membres décharnés échappaient aux étreintes des chaînes; la pâleur de son visage excitait la compassion des spectateurs les plus indifférents, mais par le cœur, Symphorien était au-dessus de tous les supplices; il vivait par anticipation de la vie céleste, et rien n'était capable d'ébranler sa constance.

— Adore les dieux immortels, lui dit Héraclius, et je te donnerai un poste glorieux dans l'armée, avec un opulent revenu sur le trésor public. Il t'est plus avantageux, ce me semble, d'agréer les offres que je te fais maintenant, que de persister dans ton dessein de mourir. Il suffit de plier le genou devant les statues de la mère des dieux, d'Apollon et de Diane. Parle, si tu consens; les autels vont se garnir de guirlandes, l'encens et les parfums te seront présentés, et tu feras un sacrifice.

— Il vous convient peu de parler de la sorte. Le temps d'un magistrat appartient aux affaires publiques, vous ne devez donc pas le perdre en vaines paroles et à prolonger un tel interrogatoire. Vous le savez, je n'adorerai pas de méprisables idoles; car si on n'est pas sans péril lorsqu'on n'avance pas dans le chemin du salut, il est plus périlleux encore de quitter cette route pour échouer avec les pécheurs contre les écueils du vice.

— Adore nos dieux, Symphorien, et le prince te donnera dans son palais un poste égal à ta naissance.

— Le juge, qui se sert de l'autorité

dont il est investi contre les crimes, pour séduire ou perdre les innocents, déshonore son tribunal, abaisse sa dignité, se fait maudire et mépriser, et perd son âme. La mort ne m'effraie point, puisque nous mourrons tous; or, ne vaut-il pas mieux donner par amour à Jésus-Christ ce que nous lui solderons plus tard comme une dette? Vos promesses trompeuses ne me séduiront pas; je connais le prix des dons que vous me promettez, ils cachent un poison que le miel dérobe aux regards. Malheur à ceux qui croient à cet extérieur mensonger! Les richesses des chrétiens sont éternelles, à l'abri de la corruption et de la mort, puisqu'elles sont en Jésus-Christ. Votre désir des richesses, malheureuse passion inspirée par l'enfer, ne jouit de rien en paraissant jouir de tout, car vos plaisirs et vos biens, brillants et fragiles comme le verre, vous sont ravis à tout moment, Les choses de la terre disparaissent rapidement; un rien nous les ravit. Le vrai bonheur est en Dieu seul, dont la gloire n'a pas eu de commencement même dans la plus haute antiquité, et dont les siècles à venir ne verront point la fin.

— Depuis trop longtemps, Symphorien, tu abuses de ma patience en discourant de ton Christ. Sacrifie à nos dieux, sinon aujourd'hui tu souffriras les supplices et la mort.

— Je ne crains, je ne vénère, je ne sers que le Dieu Tout-Puissant, de qui je tiens l'être[1]. Mon corps vous appartient momentanément, mais mon âme vous échappe. Comment ne comprenez-

[1] Le savant abbé Dinet, dont on connaît les intéressants travaux, fait remarquer justement que Racine a imité cette parole sublime, dans *Athalie : Je crains Dieu, cher Abner, et n'ai point d'autre crainte.*

vous pas que le culte de votre idole est un crime, une abjection? D'impudiques adolescents, des prêtres profanateurs font du vice une vertu, et offrent leurs infâmies à la déesse, pendant que des corybantes forcenés mêlent, en signe d'applaudissements, leurs chants, leurs concerts et leurs danses.

Qu'est-ce que votre dieu Apollon? un berger du roi Admète sur les rives de l'Amphryse — personne ne l'ignore — qui chérit le laurier et s'en fait des couronnes, en mémoire de ses honteux plaisirs. Diane, comme son frère, ne personnifie-t-elle pas le démon, elle qui favorise le crime, en courant dans les rues, les places, les asiles secrets des bois, dresse des piéges au détour des chemins, comme l'indique son nom de *Trivia?* Comment pourrai-je adorer de tels dieux?

— Parce qu'il a refusé en public d'adorer les dieux de l'empire, insulté à leurs autels et à leur culte, Symphorien est coupable de sacrilége et de révolte contre les dieux et les empereurs. Sa tête sera tranchée. Le crime s'effacera par la mort du coupable; les lois et la religion seront satisfaites.

Symphorien s'attendait à cette sentence et l'appelait de tous ses vœux. Il se contenta de renouveler paisiblement à Dieu l'offrande de sa vie, quand, dit un chroniqueur, « le juge, enflé de courroux et forcené de rage, dégorgea l'ire et le courroux qu'il avait diaboliquement conçus contre le jeune homme, et commanda qu'il fût promptement décollé. » Si une ombre de tristesse effleurait en ce moment l'âme de Symphorien, c'était à la pensée de Fauste et d'Augusta, ce père si bon, cette mère si aimante, qu'il fallait quitter. Ce que ces deux cœurs devaient souffrir à cause de lui, il le souffrait lui-même par amour pour eux. La grâce saura bien les consoler de la mort d'un fils et les remplir d'une sainte joie : ils ne l'envoient au martyre que pour l'envoyer de là au ciel !

A la suite d'Heraclius, de ses soldats et des licteurs, Symphorien est conduit hors des remparts, près de la porte dite aujourd'hui de *Saint-André*. Une foule de curieux, comme on en voit à toutes les exécutions, le poursuivait de ses injures et de ses grossières menaces. Le supplice du noble jeune homme était un événement dans la ville d'Autun, et chacun s'en occupait par intérêt ou par compassion. Quelques âmes droites, mais encore sous l'influence des idées païennes, plaignaient l'aveuglement de Symphorien et sa famille. Elles seront sans doute bientôt éclairées de la lumière évangélique, et c'est le sang de Symphorien qui leur méritera cette faveur. Les chrétiens, mêlés à la foule, accompagnaient leur frère, dont le bonheur leur faisait envie; leurs regards, sinon leurs gestes, lui disaient qu'en ce moment ils priaient pour sa persévérance, espérant le rejoindre bientôt.

L'héroïque Augusta (de quel dévouement n'est point capable le cœur d'une mère?) songeait à revoir son fils une dernière fois, à lui donner une suprême marque de tendresse, à l'exhorter au sacrifice de sa vie. La multitude s'écarte devant cette courageuse chrétienne et la regarde avec étonnement. Comme Marie, elle aperçoit son enfant entre les mains des bourreaux et sur le point d'être égorgé; à l'exemple et par l'intercession de la céleste reines des vierges et des mères, elle trouve le courage de ne point faiblir en face d'un aussi douloureux spectacle.

Penchée sur le bord des remparts, elle l'appela au moment où il passa devant elle ; leurs yeux se mouillèrent de larmes. Augusta comme la mère des Machabées, lui adressa quelques paroles d'amour, de foi et d'espérance ; puis elle se jeta à genoux et pria Dieu pour celui qu'on égorgeait à quelques pas plus loin. Fauste renfermait en son âme la douleur la plus vive, et, avec une résignation virile et chrétienne offrait au ciel l'enfant qu'il en avait reçu.

Le glaive tranchait à ce moment la tête de Symphorien, le 22 août de l'année 180. Les chrétiens virent descendre du ciel, sur sa tête, une brillante couronne, lorsqu'il passait du temps à l'éternité !

Le corps du martyr de vingt ans, du jeune et saint athlète de la foi, fut aussitôt recueilli par les chrétiens, avec les pierres et les objets teints de son sang, précieuses reliques que, plus tard, l'Eglise offrira à la vénération publique. On l'inhuma dans une petite cellule, à côté d'une fontaine, que l'on voit encore près du cimetière de Saint-Pantaléon, et dès ce jour cet endroit devint un pèlerinage fréquenté. Les habitants d'Autun ont éprouvé souvent la puissante intercession de celui que les *Actes* proclament le *protecteur de sa patrie.*

On se demande comment se termina la vie de Fauste et d'Augusta? Ces deux cœurs brisés cessèrent bientôt de battre sur la terre; toutes leurs aspirations s'élevaient vers le ciel où l'objet de leur amour les attendait. Les chrétiens les ensevelirent à la droite et à la gauche de

Symphorien, et leur donnèrent le titre de saints. On a prétendu qu'ils furent martyrisés; mais on n'a pas de ce fait des preuves suffisantes.

VI

Culte de saint Symphorien.

Le tombeau du fils de Fauste et d'Augusta devint le berceau et le fondement de l'église d'Autun. Pendant que les nouveaux chrétiens se réunissaient autour de ses restes, les successeurs d'Andoche et de Bénigne proclamaient hautement sa sainteté, se recommandant, eux et leur troupeau, à sa protection.

Saint Cassien, qui fut pendant environ vingt années évêque d'Autun, professait une dévotion toute particulière au jeune martyr. Chaque jour, il passait de longues heures dans l'oratoire dédié à saint Symphorien, et n'entreprenait aucune œuvre de charité avant de l'avoir consulté par la prière et le recueillement. Toutes ses actions avaient pour but de sanctifier le sol éduen par son ministère, comme Symphorien l'avait sanctifié par l'effusion de son sang.

L'illustre thaumaturge des Gaules, saint Martin de Tours, celui qui, étant sous les armes, avait partagé son manteau avec un pauvre, vint prier sur les reliques de saint Symphorien. Comme il finissait sa prière, il aperçut un jour, à quelques pas du tombeau, un temple d'idoles qu'il détruisit sur-le-champ. Les païens survenus pour le tuer furent touchés de ses prédications et embrassèrent, en grand nombre, la vraie religion. A la place du monument de la superstition, il consacra, sous le vocable de saint Pierre et de saint Paul, un autel devenu plus tard l'objet de la plus ardente vénération. Dans le voisinage d'Autun, Martin eut à lutter contre les druides, et, par des miracles de tous genres, il convainquit la population de la fausseté de leurs mystérieuses pratiques. A sa voix, de toutes parts on éleva des sanctuaires en l'honneur de saint Symphorien, et le peuple le choisit pour patron de la contrée.

De concert avec saint Amateur, évêque d'Auxerre, saint Simplice, évêque d'Autun, bénit la chapelle de saint Symphorien au milieu d'un grand concours de chrétiens. C'est le premier hommage solennel que l'histoire mentionne à la mémoire du jeune martyr. Un prodige donna beaucoup d'éclat à cette fête. Au sortir de la chapelle, les deux prélats rencontrèrent trois lépreux qui leur demandèrent instamment de prier pour leur guérison. Une foi vive animait ces infortunés. Simplice et Amateur bénirent un peu d'huile, et après une fervente prière en oignirent les membres des malades. Aussitôt la lèpre disparut avec toutes les traces de ses anciens ravages. La foule cria au miracle, en bénissant le nom de saint Symphorien et des pontifes.

L'apôtre de la Bretagne, saint Germain d'Auxerre, portait toujours au cou un reliquaire, tant était grand son respect pour les martyrs. Il n'était pas possible qu'il oubliât de visiter le tombeau de saint Symphorien. Comme il cherchait à travers le cimetière une tombe sur laquelle il désirait s'agenouiller, une croix noire se dessina subitement sur un marbre blanc et la lui indiqua.

De tous les évêques d'Autun, saint Euphrone est sans contredit celui qui travailla le plus à l'extension du culte de saint Symphorien : aussi mérita-t-il de reposer, après sa mort, dans le même sépulcre. La fondation de la basilique et de l'abbaye de Saint-Symphorien a immortalisé sa pieuse mémoire. Son noble cœur gémissait depuis longtemps de l'état de délabrement où se trouvait la modeste chapelle de Saint-Symphorien, et il travailla sans repos ni trève à lui élever une église digne d'un martyr et du patron de la cité. Pour la desservir, il institua une association de religieux ou clercs réguliers, qui firent revivre à Autun les traditions et les vertus des premiers moines de la Thébaïde.

Au commencement du sixième siècle, saint Eptade, honoré de la confiance intime du roi Clovis et célèbre par ses travaux évangéliques, fit fleurir le culte de saint Symphorien dans plusieurs contrées. Chaque année, il aimait à venir célébrer la fête du saint, dans cette abbaye, où il avait reçu une brillante éducation. La distance ne l'arrêtait point; durant trois jours et trois nuits, il se prosternait sur son tombeau, et en se retirant, inondé de consolations célestes, il donnait la liberté à un grand nombre de prisonniers de guerre.

Deux illustres pèlerins, un enfant de la Cappadoce et un simple pâtre de la Bourgogne, saint Eman et saint Baudry, ne montrèrent pas moins de dévotion à saint Symphorien. Le premier gagna l'Occident pour y vénérer les restes des martyrs, et signala son arrivée à Autun par un miracle. Après sa première visite à la basilique, il aperçut à la porte un malheureux perclus de tous ses membres; après avoir invoqué le saint nom de Jésus, il le prit par la main et le guérit, en lui disant : « Mon ami, marchez. » Saint Symphorien obtint à son serviteur la palme du martyre qu'il lui avait souvent demandée. Il fut massacré, en 560, par des brigands attachés encore aux superstitions druidiques et qui ne pouvaient supporter ses prédications. Le second pèlerin opérait des prodiges dès son enfance; et à Autun, sur le tombeau de saint Symphorien il guérit plusieurs démoniaques, conduits en ce lieu béni de toutes les parties de la France.

Le culte de notre saint était devenu populaire; nous le verrons d'âge en âge prendre une plus grande extension.

Sans citer les noms de saint Germain, abbé de Saint-Symphorien d'Autun et devenu plus tard évêque de Paris, de saint Virgile, de saint Grégoire de Tours, de saint Syagre et d'une foule d'autres grands personnages, tous dévoués à cette œuvre sublime, nous voyons ses progrès à chaque page de l'histoire. Les fondateurs d'ordres religieux, plusieurs souverains, après s'être agenouillés sur le tombeau de saint Symphorien, firent connaître dans leurs diocèses ou dans leurs royaumes le culte et la vie de ce glorieux martyr. Au septième siècle, on lui élevait des autels à Châlons, à Tours, à Paris, à Meaux, à Beauvais, à Bourges, à Metz, à Trèves, à Vienne, à Thiers : Des miracles ou des guérisons merveilleuses accompagnaient chacune de ces pieuses manifestations de la foi des peuples.

Malgré les honneurs rendus à saint Symphorien dans une foule de villes et de provinces, la plupart des chrétiens tenaient à faire, au moins une fois dans leur vie, le pèlerinage d'Autun. Les lieux témoins de la mort du martyr, le sol imprégné de son sang, excitaient leur sainte curiosité. Durant les six siècles suivants, on rencontre prosternés, le front dans la poussière, dans la basilique de Saint-Symphorien, les gloires les plus remarquables de leur époque, les papes Urbain II, Calixte II, Innocent II; les rois Dagobert Ier, Clovis II, Childéric II, Pepin le Bref, Charles le Chauve, Louis le Bègue, Eudes, Charles le Simple, Louis d'Outre-Mer, Robert le Pieux; les Pères de plusieurs conciles tenus à Autun; les évêques martyrs: saint Prix, saint Léger et saint Emilien.

A dater du treizième siècle, nous y voyons l'archevêque Raoul de Lyon, saint Vincent Ferrier, le réformateur de tous les vices, Louis XII, François Ier, dom Mabillon, dom Martenne, le bienheureux Benoît Labre, le sublime mendiant.

Jusqu'à la Révolution française, les principales paroisses où saint Symphorien fut honoré d'un culte spécial, sont au nombre de vingt-cinq dans l'Autunois et la Bourgogne. Dans un grand nombre de diocèses de France, la proportion est la même, parfois supérieure; en prenant en moyenne ce chiffre pour point de comparaison, on comprend combien de sanctuaires furent élevés, dans notre patrie, en l'honneur de saint Symphorien.

Dans quelques localités, il se pratiquait certains usages curieux à étudier. A Trévoux (Ain), notamment, on parle encore d'un fait de ce genre, au rapport d'un écrivain de cette ville jadis si célèbre : « A propos de la fête patronale de Trévoux, nous avons recueilli sur cette fête quelques détails historiques assez peu connus. La subvention allouée par la ville aux jeunes gens pour les frais de la fête était anciennement fournie par les princes de Dombes d'abord, puis par le roi, lorsque ce pays fut réuni à la France, c'est-à-dire en 1762. Le domaine de la principauté ayant été engagé aux princes de Rohan-Guéménée, ce furent ces nouveaux possesseurs qui donnèrent dès lors la subvention traditionnelle de cent livres. En 1789, lors de l'abolition des priviléges féodaux, la ville prit cette allocation à sa charge. Avant cette époque, la célébration de la fête avait un caractère de singularité très-remarquable. Pour montrer que la juridiction du château de Trévoux s'étendait jusqu'au milieu de la Saône, en face de la ville, on accomplissait une cérémonie à la fois religieuse et militaire, sur un roc appelé *Roc de Saint-Symphorien*, auquel la tradition attache un pieux souvenir. Le clergé, le parlement et les autorités de la ville allaient processionnellement de l'église sur ce roc, qui autrefois était très-étendu. On plantait là une grande perche à laquelle on attachait un petit saule ; un chanoine chantait l'évangile de la fête ; puis, au milieu du bruit des fanfares et de la mousqueterie, on mettait l'arbre en pièces, on abattait la perche, et le cortége s'en retournait comme il était venu. Les offices du jour terminés, on proclamait le *royaume*, c'est-à-dire qu'on mettait aux enchères les titres de roi, de reine, de dauphin, de dauphine, qu'on devait porter pendant l'année. Ceux qui avaient assez donné pour être élus, s'approchaient de l'autel, et le prêtre, leur mettant l'étole sur la tête, chantait avec eux le premier verset du *Te Deum*. Mais, auparavant, les rois et princes de l'année précédente venaient déposer leurs titres avec leur inoffensive puissance, et se mettaient à genoux devant le prêtre, qui leur couvrait la tête de son étole et chantait ce verset du *Magnificat : Deposuit potentes de sede et exaltavit humiles....* Saint Symphorien est représenté sur les méraux de l'ancien chapitre de Trévoux, à cheval et tenant un étendard. La tradition antique rapporte que le saint traversant la Saône à cheval, en face de la ville, le pied de son cheval fit un trou dans le roc qui se trouvait au milieu de la rivière. C'est vers ce point, marqué par l'empreinte merveilleuse, que se dirigeait la procession dont il vient d'être parlé. »

Dans le diocèse de Lyon, une paroisse, sous le vocable de Saint-André, prit en 981 le nom de Saint-Symphorien-le-Château, à la suite d'un événement extraordinaire : « Saint Symphorien fut martyrisé à Autun sous Marc-Aurèle, raconte un Lyonnais, et son culte se répandit rapidement dans le centre de la Gaule. Les seigneurs, les dames du haut rang, les abbés se disputaient l'honneur de posséder quelques restes du jeune et généreux confesseur de Jésus-Christ. Or, un jour que les reliques du célèbre martyr d'Autun étaient envoyées à Saint-Bonnet pour y être révérées des fidèles, — c'était sans doute une de ces châsses magnifiques, ornées de pierreries et faites de l'or et de l'argent le plus pur, — l'animal chargé du précieux dépôt s'arrêta tout à coup près de la ville : une barrière invisible arrêtait ses pas, et, comme l'ânesse de Balaam, il était insensible aux coups dont on l'accablait. Au même instant les cloches s'ébranlent d'elles-mêmes, des airs de fête se font entendre. On accourt, on se prosterne : la volonté divine se manifestait. Le saint reliquaire est donc porté en triomphe à l'église de Saint-André, qui devint bientôt celle de Saint-Symphorien. » Il serait facile de citer plusieurs faits du même genre.

Une preuve évidente de la diffusion du culte de saint Symphorien se trouve dans l'ancienne habitude de donner son nom, non-seulement aux églises et aux monastères, mais aux enfants présentés sur les fonts baptismaux. Que d'hommes célèbres par le savoir ou la vertu, la fortune ou la naissance, qui se firent un titre de noblesse de ce beau prénom! Or, il faut remarquer à ce propos qu'autrefois les parents ne donnaient à leurs nouveau-nés que les noms des saints les plus populaires et les plus connus. Aujourd'hui on fait souvent le contraire par esprit de vanité.

Les agents de la fureur révolutionnaire ont pu détruire la plupart des monuments artistiques, des temples dédiés à saint Symphorien; mais il n'était point en leur pouvoir d'effacer son nom des cœurs chrétiens, d'affaiblir la dévotion des âmes fidèles à son endroit. Aux jours de la réparation, on s'empressa de placer dans une chapelle de la cathédrale d'Autun, le corps précieux du martyr. Le pèlerinage se renouvela, et s'il fut d'abord moins brillant que par le passé, il fut également fréquenté et fécond en fruits de salut. A cette occasion, une prière fut composée pour être récitée au pied de la croix érigée en l'honneur du premier martyr d'Autun. Cette prière est trop belle et trop touchante, à plus d'un titre, pour ne pas mériter notre attention :

« O Dieu, à jamais tout-puissant, qui avez engagé dans un rude combat votre bienheureux martyr Symphorien, afin qu'il remportât la victoire, et sur le monde qui le flattait, et sur le monde qui le persécutait, accordez-nous, nous vous en supplions, de pouvoir imiter la constance de la foi que nous admirons dans ce jeune homme.

» Saint Symphorien, la gloire de la ville d'Autun, la joie de l'Eglise, l'honneur de notre peuple et l'exemple de la jeunesse chrétienne, priez pour nous.

» Du port assuré, où le souffle de Dieu vous a fait si heureusement arriver, daignez fixer un regard de protection sur tous ceux qui, dans la joie de leur cœur, ont concouru à la pompe et à la solennité de votre culte. Vous êtes notre frère et le premier des enfants de notre ville qui ait répandu son sang pour Jésus-

Christ; vous avez pris naissance dans l'enceinte de nos murs; la terre que nous foulons a été trempée du sang que vous avez répandu avec tant d'amour pour le triomphe de la religion. Cette terre rougie de votre sang vous est chère sans contredit; aussi avons-nous la confiance que vous vous intéresserez au sort de notre éternité; que par vos prières vous écarterez de notre ville et de nos contrées les calamités et les malheurs; mais surtout, que vous éloignerez du milieu de nous le fléau de l'incrédulité et de l'indifférence pour une religion que vous avez si courageusement défendue. Arrêtez donc vos regards sur les héritiers de la foi de saint Andoche, votre parrain; sur cette portion du troupeau de Jésus-Christ, qui, depuis plus de seize siècles, se réjouit de votre bonheur et chante l'hymne solennel de vos triomphes; sur ces enfants de l'Eglise, que le zèle de ses dignes ministres rassemble autour de l'autel où reposent vos cendres; sur ces jeunes élèves de la religion, auxquels on répète sans cesse que vous avez cherché le Seigneur dès vos plus tendres années; que vous avez été rempli de sagesse comme un fleuve; que vos yeux étaient accoutumés à regarder le ciel; que les richesses et les honneurs étaient un objet de mépris pour voús; et qu'à l'heure de la tentation, Autun ne vit pas en vous un roseau agité, mais un cèdre qui a résisté à l'orage.

» Oui, votre armure était la foi; l'auguste titre de chrétien était votre défense au tribunal de votre juge. La parole de vie, sortie de la bouche de votre digne mère, vous a soutenu aux portes de l'éternité. Là, vous n'avez pas été confondu en la présence de vos ennemis, en la présence des enfants de l'iniquité : vous leur avez parlé par l'effusion de votre sang. Aussi votre nom est-il comme un parfum répandu par toute la terre. Les peuples, que des distances immenses séparent de nous, ont en vénération votre mémoire, ainsi que quantité d'églises placées sous l'invocation de votre nom. Des monarques sont descendus de leur trône pour venir visiter votre tombeau, ont déposé leur sceptre et leur diadème devant l'autel érigé en votre honneur, ont incliné leur tête devant vos dépouilles sacrées, qui attendent la consommation de votre bonheur, le jour de la splendeur des saints.

» Couronné de gloire, paisible possesseur d'un repos inaltérable, ô bienheureux Symphorien, les délices de notre cœur, obtenez-nous par vos prières de ne jamais déshonorer par le péché la terre que vous avez sanctifiée par vos vertus ; obtenez-nous d'édifier par de bons exemples la ville où tant de saints évêques se sont distingués par l'éclat de leurs lumières et par la sainteté de leur vie. Nous espérons que vous protégerez toujours d'une manière spéciale l'Eglise d'Autun dont vous êtes un des principaux ornements. Votre sang qui a coulé en ces lieux fait entendre sa voix : il demande et appelle à grands cris les bénédictions du ciel. Ses clameurs, tant de fois exaucées pour la consolation de nos pères dans la foi, ne cessent de pénétrer les cieux pour le salut de leurs enfants.

» Déjà nous avons ressenti les effets de votre médiation auprès de Dieu; les rosées du ciel sont tombées sur la terre que nous habitons. Oui, si de nos jours nous avons été réjouis et consolés du travail de ces ouvriers du salut éternel, qui ont paru parmi nous; si nous avons, vu et entendu ces apôtres du dix-neuvième siècle, rappeler aux pécheurs invétérés la connaissance du vrai Dieu, diriger leurs pas dans les sentiers de la paix, arracher du champ du Père de famille l'ivraie que l'homme ennemi avait semée, réconcilier le cœur du père avec le fils, l'époux avec l'épouse, ne faire d'un peuple auparavant divisé qu'un cœur et une âme; enfin, si le Seigneur, à la prière de ces nouveaux Moïses, s'est ressouvenu de sa miséricorde; s'il a présenté les consolations du pardon à quiconque s'est humilié sous la main et sous l'auguste caractère des hommes qu'il a envoyés : ô bienheureux protecteur de notre ville! nous ne vous regardons pas comme étranger à la faveur insigne qui nous a été faite, laquelle n'a pas été accordée à tant de peuples. Vos supplications au pied du trône de Dieu ont obtenu de sa bonté ce mouvement général qui a excité parmi nous de si doux transports d'allégresse, à la vue de l'appareil imposant des cérémonies saintes, à la vue de l'affluence des fidèles accourus de toutes parts, à la vue de ces fronts sereins et calmes, images de la paix des consciences; à la vue de l'arbre de la croix planté dans l'enceinte de nos murs, enfin à la vue du monument érigé hors des portes de la ville, en l'honneur de votre culte.

» Bénie soit donc votre mémoire parmi les générations futures! Que le renouvellement de ce culte soit écrit avec la *plume de fer*, et gravé sur le marbre et l'airain, afin que le peuple qui viendra dans la suite, loue le Seigneur qui est admirable dans ses saints. Amen. »

Saint Symphorien est honoré dans le diocèse d'Autun, comme leur patron, par seize paroisses; par trois du diocèse de Moulins; par six du diocèse de Nevers; par quinze du diocèse de Dijon; par trois des diocèses de Lyon, d'Annecy, des diocèses de Belley, de Limoges, de Clermont et de Poitiers; par deux des diocèses de Sens, de Grenoble, de Saint-Claude, de Séez, de Rennes, de Rodez, de Strasbourg; par cinq du diocèse de Langres, du diocèse de Bourges; par onze du diocèse de Tours; par cinq du diocèse d'Orléans; par une dans les diocèses d'Agen, d'Angoulême, de Blois, de Tulle, de Mende, du Luçon, de Saint-Brieuc, de Bayeux, de Quimper, de Beauvais, de Montpellier, d'Aix, de Digne, du Puy, de Cambrai; par trois de celui de la Rochelle; par huit de celui d'Angers; par cinq de celui du Mans; par trois de celui de Coutances; par quatre de celui de Châlons-sur-Marne; par trois de celui de Verdun; par deux de celui de Metz. Cent quarante-quatre paroisses sont donc au dix-neuvième siècle placées sous le patronage du fils de Fauste et d'Augusta. Son culte est loin de diminuer parmi nous; puisqu'il n'est pas possible de lui dédier de vastes basiliques, dans un grand nombre d'entre elles, on lui destine une magnifique chapelle.

A Biozat, on invoque saint Symphorien pour les maux d'yeux et tous les genres d'ophthalmie, en vénérant ses reliques. Les pèlerins y accourent en foule pour obtenir leur guérison. A Meaulme, ils se rendent, le jour de la fête patronale près d'une *fontaine de Saint-Symphorien*, située au milieu d'un pré; et les malades se lavent avec cette eau ou en boivent pendant que les prêtres récitent des évangiles. Dieu seul connaît tous les prodiges qu'il a opérés au nom de son serviteur !...

VII

Reliques et miracles.

On ne s'étonne point de la dévotion générale de tout le peuple français au saint martyr d'Autun, quand on connaît les puissants effets de son intercession. Outre les miracles opérés sur son tombeau, et trop célèbres pour être ignorés des lecteurs chrétiens, chaque pèlerinage en l'honneur de saint Symphorien a sa chronique particulière. Nous ne citerons que celle de Beauvais, dans toute sa simplicité :

« Un pauvre manœuvre de la ville

ayant été, pendant la saison d'août, la nuit, garder les gerbes de son champ, tomba en une si grande paralysie, que le lendemain matin les laboureurs et les moissonneurs s'étant transportés en la campagne pour faire la moisson, le trouvèrent incapable de tout mouvement. L'un d'eux vint en donner avis à ses parents, qui le portèrent dans sa maison, où il demeura l'espace d'un an, tant demi-vif que demi-mort, et nourri en cet état par les gens de bien. Finalement, il fut incité par la grâce de Dieu à se faire transporter dans la chapelle de Saint-Symphorien, qui était fort proche de la ville et assise sur une haute et belle montagne. Ses parents s'étant rendus à son désir, le laissent en ladite chapelle à la garde de Dieu et de saint Symphorien. La nuit suivante, pendant que le pauvre paralytique invoquait l'intercession du bienheureux martyr afin d'être exaucé de Dieu, la chapelle se remplit tout à coup d'une grande et suave odeur qui rendit aussitôt la santé au malade. On ne peut dire avec quelle joie et quelle allégresse il s'élança de son lit pour annoncer cette bonne nouvelle à sa mère; car celle-ci était venue lui tenir compagnie. Il la trouve endormie, il la réveille, et tous deux rendent grâces à Dieu, puis sonnent la cloche de la chapelle pour avertir le peuple de Beauvais. Aussitôt on accourt de toutes parts, et la foule mêle à l'expression de sa reconnaissance envers le Seigneur le nom du glorieux martyr.

» Vers le même temps, un aveugle se sentit un jour vivement pressé de recourir au même saint Symphorien. Il guérirait, semblait lui dire une voix secrète, s'il allait prier dans l'église qui portait son nom. Il s'y fit donc conduire, animé de la plus ferme confiance, et répandit beaucoup de larmes devant Dieu. Sa fervente prière était exaucée. Tout à coup au grand étonnement des nombreux fidèles qui étaient présents, il recouvra la vue. Ce qui donna occasion à tous les bourgeois et habitants de Beauvais d'aller visiter la chapelle de saint Symphorien et s'assurer du prodige. D'où, après avoir fait leur oblation et prière, ils s'en retournaient en grande joie et liesse.

» Il arriva encore qu'un jeune homme, nommé Druon, exerçant sous les ordres de ses père et mère l'agriculture et le labour de la terre, fut affligé d'un mal à un orteil. Il n'y fit aucun remède, et six jours après, on vit qu'il était atteint du feu sacré. Alors ses parents se hâtèrent de le porter dans l'oratoire de Saint-Pantaléon, bâti sur les murs de la cité. Ils l'y laissèrent toute la nuit, espérant que l'intercession du bienheureux médecin de Nicomédie, martyrisé pour la foi, lui obtiendrait la santé. Mais voyant que le mal ne cessait pas, et apprenant que la montagne dite de Saint-Symphorien était célèbre par les grandes et miraculeuses guérisons qui s'y opéraient par les mérites de ce saint martyr, ils y transportèrent leur malade, qui au bout de trois jours était parfaitement guéri. »

En face de tels faits, il est inutile d'insister sur la puissance de saint Symphorien dans le ciel, et facile de comprendre avec quelle sainte jalousie ses reliques ont dû être conservées. Pendant les invasions des barbares, des Sarrasins et des Normands, elles furent mises à l'abri de toute profanation. Vers le quinzième siècle, elles reposaient dans l'église de l'Abbaye, entre le sépulcre de Fauste et celui d'Augusta. Malheureusement, lors des guerres de religion, les troupes protestantes prirent à tâche de brûler tous les objets du culte religieux et spécialement les reliques des saints. Le courage de quelques chrétiens arracha aux flammes les seules que l'on conserve aujourd'hui du martyr d'Autun.

L'église éduenne possède plusieurs ossements et suaires, et des cendres de saint Symphorien. La plupart des paroisses qui portent son nom vénèrent quelques fragments des mêmes reliques. Partout elles sont entourées d'un respect qui témoigne de la confiance populaire au saint martyr.

Il ne suffit pas d'admirer la vic d'un héros, il importe surtout de l'imiter. Nous sommes les enfants des saints, disait Tobie, et nous voulons parvenir au même but, à la même vie éternelle que Dieu a promise à ses fidèles serviteurs. Il n'y a pas deux moyens d'opérer son salut; une seule voie, et c'est la moins large, conduit au ciel.

Dieu ne demande pas de nous les mêmes sacrifices qu'il imposa à son jeune martyr; nous n'avons point à redouter la persécution, les tortures et la mort pour défendre nos saintes croyances. Le respect humain, l'indifférence en matière de morale et de doctrine, la torpeur spirituelle, la voix perfide des mauvaises doctrines, syrènes habiles à séduire les moins défiants, sont les ennemis dont nous devons braver les attaques. Comme Symphorien, devant ses juges, ne transigeons jamais avec l'erreur et le crime; pour Dieu il faut être des hommes de cœur et porter bien haut la bannière de sa milice.

VIII

L'abbaye de Saint-Symphorien

Le monastère fondé par saint Euphrone en l'honneur du martyr d'Autun a jeté un trop vif éclat dans les annales de l'Eglise éduenne pour que nous n'étudiions pas un instant son histoire. Cette abbaye, dès son origine, fut l'asile de la science et de la piété, où les religieux et même le clergé des paroisses s'initiaient à la discipline et aux fonctions sacerdotales. La règle de Saint-Antoine le solitaire et la règle de Saint-Basile servirent de modèle au monastère de

Saint-Symphorien; on les combina de manière à unir, à la fois, la vie de contemplation à la vie active, la prière au travail, la solitude à l'apostolat. L'austère sévérité de saint Euphrone passa si rapidement dans le cœur et les mœurs de ses prêtres, que les anciens chroniqueurs les appellent des *anges* de pureté et de sainteté.

Le second abbé du monastère de Saint-Symphorien, saint Léonien, sanctifia par sa présence le sol autunois et la ville de Vienne, où il fut appelé par l'évêque. Il s'était offert à Dieu comme une victime de propitiation pour les péchés du monde; pendant quarante ans, il demeura pour ainsi dire enseveli dans sa cellule, sans se montrer aux regards des visiteurs avides de recueillir ses conseils. On déposait, chaque jour, sur son étroite fenêtre, un petit morceau de pain qui composait toute sa nourriture. Il n'interrompait ses oraisons et ses pénitences que pour prêcher, en termes éloquents, les miséricordes divines. On se figure aisément quel effet merveilleux devait produire cette parole d'un ermite qu'on ne voyait jamais, mais qu'on entendait gémir et pleurer au fond de sa retraite.

Un de ses disciples, saint Lautein, avait quitté une position brillante dans le siècle, et s'était retiré à l'abbaye de Saint-Symphorien, d'où il alla évangéliser les forêts du Jura et construire plusieurs monastères. « Lautein, raconte un vieux biographe, avait non-seulement la chasteté du corps devant les hommes, mais la pureté d'esprit et de cœur devant Dieu. La charité principalement était fichée en son âme de telle sorte qu'avec crainte il aimait Dieu et qu'avec amour il le craignait. Il était fort vigilant à l'exercice de l'oraison, constant en jeûnes, assidue aux louanges divines et offices de l'Eglise, très-fréquent aux actions saintes, très-grand en humilité, selon cette parole évangélique : « Apprenez de moi que je suis doux et humble » de cœur, et vous trouverez le repos de » vos âmes. » Cultivant le champ de son âme comme un bon laboureur, il avança beaucoup en peu de temps dans tous les exercices spirituels. » Il était âgé de cinquante-trois ans lorsqu'il consentit à recevoir le sacerdoce, dont il se croyait indigne. L'heure de sa mort lui fut annoncée d'avance, et il s'y prépara par trois jours de prières.

Saint Eptade, issu d'une famille illustre, prit la fuite à l'âge de douze ans pour s'enfermer dans le cloître de Saint-Symphorien, qu'il chercha à imiter et à qui il voua une dévotion extraordinaire.

Après avoir donné ses biens aux pauvres, il embrassa toutes les rigueurs de la vie ascétique, passant plusieurs jours sans manger, versant des torrents de larmes, et convertissant, par ses exhortations, tous ceux qui l'approchaient. Elu évêque d'Auxerre, il refusa cette dignité en disant : « Jamais je ne serai évêque, parce qu'un misérable pécheur comme moi ne peut porter un tel fardeau, » et se cacha dans les montagnes du Morvan. Lorsque Clovis lui eût promis de ne plus songer à lui offrir les honneurs de l'Eglise, il consentit à devenir le distributeur des aumônes du *fier Sicambre* et le missionnaire des armées idolâtres. Les nombreux bienfaits qu'il répandit partout l'ont fait surnommer le Vincent de Paul de son époque, l'apôtre de la charité; et les miracles opérés par son intercession ont rendu son nom populaire.

Le monastère, dépositaire des reliques de saint Symphorien, fournit beaucoup de prélats aux différents siéges de France et notamment saint Germain à celui de Paris. Cette pépinière de fervents disciples de Jésus-Christ attira l'attention du prince Gontra, qui lui concéda des terres immenses et de précieux priviléges ; elle devint féconde en fruits de salut, sous la direction successive d'Abbon, de Déodat et d'Hermenaire, dont les belles existences sont ignorées de l'histoire. L'illustre saint Léger, évêque d'Autun, *le martyre nouveau à une époque chrétienne*, imposa aux religieux de Saint-Symphorien une clôture parfaite, ne leur donnant à desservir, hors de l'abbaye, que la basilique, dédiée à leur patron, et leur laissa un grand exemple dans sa mort. Pendant cette longue et sanglante querelle que l'ambitieux Ebroïn suscita à l'Eglise après la mort de Childéric, les religieux de Saint-Symphorien prirent hautement le parti de la justice et du droit, tant il est vrai que les moines furent de tout temps les sentinelles avancées de la civilisation.

Ils reçurent de plusieurs seigneurs, et surtout de la part des évêques d'Autun, d'importantes donations de propriétés. Au lieu de s'enrichir par des exactions, ainsi que l'affirment de prétendus historiens, ils ne dûrent la prospérité matérielle de l'abbaye qu'à la générosité des fidèles. Le vertueux prélat Ansbert les fit ses héritiers par un testament qui peint son amour pour le monastère et pour saint Symphorien.

Ces bienfaits fournirent les ressources nécessaires pour l'entretien de la basilique, pour les frais du culte et les pompes des offices religieux qui s'y célébraient avec une splendeur digne de la majesté divine.

Parmi les abbés de Saint-Symphorien, nous savons que la plupart méritèrent la qualité de saints et remplirent leur carrière d'œuvres utiles à la contrée; mais les détails nous font défaut relativement aux circonstances de leur vie. Lorsque le terrible fléau de l'invasion des Sarrasins menaça les populations gauloises, il faillit s'arrêter un instant devant le bâton pastoral d'un illustre évêque. Saint Emilien vainquit, à plusieurs reprises, ces farouches sectateurs de Mahomet, et leur infligea une sanglante défaite près de l'abbaye de Saint-Symphorien. Mais la multitude des hordes barbares l'emporta enfin sur la vaillance des soldats chrétiens. Le 22 août 725, elles réunirent tous les efforts et réussirent à s'emparer de la ville d'Autun, contre laquelle elles se plurent à exercer de terribles représailles. Tout y fut mis à feu et à sang, et jamais on n'avait vu un pareil désastre! Tous les trésors accumulés par la piété des seigneurs dans les églises et les monastères; les sanctuaires ornés de colonnes de marbre et de toutes les ressources de l'art antique, les mosaïques, les palais, les thermes subirent le même sort et disparurent sous le cimeterre des adorateurs du croissant.

L'abbaye de Saint-Symphorien ne conserva que son nom ; il ne resta pas debout une seule pierre de ses murailles. On regrettera à jamais la perte des ouvrages précieux, des archives, des manuscrits historiques que la lente et constante patience des moines avait entassés, pour l'avenir, dans la bibliothèque. Au milieu de tant de ruines, quelle main bienfaisante fera renaître le monastère de ses cendres et repeuplera de serviteurs de Dieu cette solitude ?

Les évêques d'Autun se mirent les premiers à l'œuvre ; armés d'une crosse de bois, ils voulurent réparer les maux des Sarrasins, et ramener leurs ouailles, échappées aux massacres, dans l'enceinte de l'ancienne ville. A l'aide des secours pécuniaires fournis par Charlemagne, ils devinrent les véritables fondateurs de la nouvelle Autun. Les comtes s'emparèrent alors des dotations de l'abbaye de Saint-Symphorien, dont ils prirent le titre d'abbés, c'est-à-dire de propriétaires, selon le vrai sens de la commende militaire, second fléau de cette malheureuse époque. Charles Martel favorisa constamment cette intrusion de ses soldats et de sa noblesse dans les dignités et bénéfices ecclésiastiques, pour les récompenser de leurs exploits à la célèbre bataille de Poitiers, qui porta le coup mortel à la puissance musulmane. L'abbaye de Saint-Symphorien resta entre les mains des abbés commendataires jusqu'au dixième siècle et fut mêlée par eux à tous les grands événements; elle devint l'asile de la politique plus que de la prière, et sous ses voûtes, relevées peu à peu, résonnaient les cris des meutes et les pas des chevaux plus souvent que les chants des moines. Les rois s'effrayèrent de l'ambition des comtes d'Autun, et envoyèrent en exil ou à la mort les plus turbulents d'entre eux; mais arriva bientôt l'ère de la féodalité, où les vassaux se séparèrent de leurs suzerains et où chaquc seigneur proclama sa propre indépendance.

L'abbaye de Saint-Symphorien retrouva une partie de sa primitive importance sous le comte Adalard, assez généreux pour donner aux religieux la majeure partie des revenus du prieuré. Elle fut cédée, en 878, au comte Théodoric, aux ducs de Bourgogne, et enfin à Raoul, qui, monté sur le trône de France, s'efforça de lui restituer ses possessions. Chaque année, il allait accomplir le devoir pascal sur le tombeau du martyr d'Autun.

Le roi Rodolphe, fort sévère envers les usurpateurs des biens de l'Eglise, vengea avec ardeur les droits de l'abbaye de Saint-Symphorien.

Son frère Hugues le Noir confirma toutes les donations faites dans le passé au même monastère, comme l'atteste l'acte suivant, conservé par les religieux : « Au nom de Dieu éternel et de Jésus-Christ notre Sauveur, nous, Hugues, humble comte et marquis, faisons savoir à tous, présents et futurs, qu'étant venu à Autun pour nos affaires, et étant entré dans le vestibule de la basilique de l'illustre martyr saint Symphorien, où nous nous rendions pour prier, pendant que nous attendions l'arrivée de nos fidèles, nous vîmes s'avancer vers nous le comte Albéric, son fils Léotade, qui nous exposèrent que Tendon, prévôt du monastère, et les chanoines vivant sous sa direction, nous suppliaient humblement de leur laisser un souvenir de nous; d'autant plus que la pénurie, le denûment, la détresse des clercs qui servent Dieu dans ce lieu sacré, sont tels que le couvent semble menacé d'être réduit à néant. C'est pourquoi, prenant en considération cette supplique et voulant faire l'aumône, à l'exemple et en mémoire de Richard notre père et d'Adélaïde notre mère, pour l'amour de Dieu et aussi pour le remède de notre âme, nous rendons et nous donnons pour la rémunération des frères qui desservent l'église de saint Symphorien, plusieurs manses de terre... Nous voulons que les susdites propriétés soient éternellement destinées à l'usage des frères et chanoines de Saint-Symphorien, afin qu'ils prient sans cesse le bienheureux martyr pour la conservation de notre santé et prospérité, et, que, quand le terme de notre vie sera arrivé, émus de compassion pour notre âme et se rappelant ces bienfaits, ils ne nous oublient pas et célèbrent avec piété l'anniversaire de notre mort. A ceux qui observeront notre décret, paix et bénédiction, longue vie, joie, honneur, louange et gloire sans fin. Anathème à ceux qui le violeraient. »

Au dixième siècle, le seigneur Isnard

refusa constamment de restituer les biens que l'abbaye de Saint-Symphorien possédait en Provence, sous prétexte du *fait accompli*, pour parler la langue des modernes usurpateurs du domaine de Saint-Pierre. Le pape Jean XII, n'ayant pu le convaincre par la douceur, prononça contre lui cette sentence : « Tous ceux qui détiennent la terre appartenant à Saint-Symphorien ou quelque partie que ce soit des possessions de l'Eglise d'Autun, sans le consentement de l'évêque, sont déclarés, au nom de Dieu le Père tout-puissant, du Fils et du Saint-Esprit, excommuniés et exclus de l'entrée de l'Eglise, à moins qu'ils ne se convertissent et ne donnent satisfaction. » Sous le coup de l'excommunication, Isnard rentra en lui-même et signa une déclaration par laquelle il demandait humblement sa grâce et reconnaissait tous ses torts.

Lorsque les religieux de Saint-Symphorien étaient persécutés et dépouillés par de puissants seigneurs contre lesquels ils n'avaient nulle protection à espérer, ils mettaient leur confiance en Dieu, et lui adressaient cette prière conservée textuellement : « Nous venons en esprit d'humilité et la contrition au cœur, nous prosterner devant votre saint autel, en présence de votre sacré corps et votre précieux sang, ô Seigneur Jésus, Sauveur du monde; car nos péchés sont la cause des maux qui nous affligent : nous en faisons l'humble aveu. Nous accourons à vos pieds, Seigneur Jésus, pour crier au secours, parce que des hommes iniques et superbes, pleins de confiance en leurs forces, nous attaquent de toutes parts. Ils envahissent les terres de Saint-Symphorien, ils les pillent, ils les dévastent, et par suite ils réduisent à la plus extrême affliction, à la faim, à la nudité, les pauvres cultivateurs, quand ils ne vont pas jusqu'à se faire un jeu de les torturer et de les percer de leurs épées. Ils nous dérobent ou ils nous arrachent violemment les biens avec lesquels nous soutenons une vie consacrée à votre service, les biens que de saintes âmes nous ont légués pour obtenir le salut éternel. Cette Eglise qui est la vôtre, Seigneur, que vous avez fondée dès les premiers siècles, que vous avez consacrée à votre culte en l'honneur de saint Pierre et de saint Symphorien, elle est bien triste, bien affligée, et il n'y a personne pour lá consoler, pour la délivrer de tant de maux, si ce n'est vous, ô notre Dieu. Levez-vous donc, Seigneur, venez vite à notre aide; soyez notre force et notre secours; repoussez ceux qui nous attaquent, brisez l'orgueil de ceux qui en veulent à ce saint lieu et à nous. Vous connaissez, Seigneur, dès avant leur naissance, les noms, les personnes et les cœurs de ces hommes; vous savez ce qu'ils sont. C'est pourquoi, ô divin Maître, changez-les; vous le pouvez. Signalez sur ces âmes l'efficacité de votre grâce, faites qu'elles reconnaissent leurs fautes. Et nous, Seigneur, nous vous en conjurons, au nom de votre miséricorde, délivrez-nous et ne dédaignez pas vos pauvres serviteurs qui crient vers vous. Votre gloire y est intéressée; car c'est vous qui avez établi cette maison et qui l'avez élevée à un si haut degré d'honneur. Ah! montrez-vous, venez-nous apporter la paix et délivrez nous des maux qui nous accablent. » Les religieux se prosternaient sur le pavé du sanctuaire et se frappaient la poitrine, en récitant ce filial appel à la Providence. Leurs vœux furent exaucés au delà de leur espérance, car les fondations pieuses remplacèrent bientôt les usurpations et les violences.

Parmi leurs principaux bienfaiteurs, il faut compter l'évêque Valtère, qui leur accorda les dîmes de certaines paroisses, le chevalier de Cluny qui leur promit *hommage et obéissance et soins en toute occasion*, Etienne de Dracy et Josbet de Barnay. Les religieux avaient des feudataires à qui ils concédaient des terres moyennant redevance et protection, des seigneurs soumis à leur juridiction temporelle, des localités sur lesquelles ils percevaient un tribut annuel. C'est ainsi que se vérifia la remarque d'un historien : « L'église du bienheureux Symphorien, qui n'était d'abord qu'une chapelle souterraine, fut érigée en une abbaye amplement dotée et augmentée de plusieurs grandes et belles rentes et grosses possessions pour l'entretien d'icelle fondation et des prières qui, dès les premiers siècles, y furent faites et qui continuent encore. Ces prières furent fondées par un bon nombre de grands personnages, gens de bien et fidèles chrétiens. » Après les folles terreurs que l'an mil jeta dans le monde, après les riches acquisitions qu'elle fit, l'abbaye éprouva, comme toutes les choses humaines, un accès de relâchement et de décadence qui, heureusement ne devait pas durer. Peu s'en fallut qu'elle ne fût déserte pendant quelques années, mais un évêque d'Autun, Etienne, y ramena la ferveur et l'observance exacte de la règle; et, au commencement du treizième siècle, sa prospérité matérielle et morale ne laissait plus rien à désirer.

Pendant la guerre des Armagnacs et des Bourguignons, les habitants voisins de l'abbaye transportèrent au clocher leurs trésors et tous leurs objets précieux pour les soustraire à l'avidité de la faction victorieuse. Un malheur, plus grand que celui qu'on redoutait, jeta le peuple éduen dans la tristesse ; il est naïvement raconté par un témoin : « Au temps de la guerre et du siége de Châtel-Chinon, occupé par les ennemis de monseigneur le duc de Bourgogne, les bonnes gens du village et autres lieux environnants, par doute desdits ennemis, avaient retrait leurs biens, arches et autres bagues à la forteresse de Saint-Symphorien, et mêmement dans la grande tour du clochier comme étant la plus large et spacieuse du prioré. Le prieur et autres religieux maintenant trépassés, disaient qu'ils avaient aussi retrait dans la même tour les joyaux de l'église et les titres de plusieurs de leurs biens. Or, il advint que Philippe Soulcault, marguillier de ladite église, pour défaut de bien garder la chandeille qu'il y avoit portée à son couchier, y mit le feu; et ainsi par cas de fortune fut la tour arse et brûlée, tellement que les cloches furent de tout en tout fondues, et les biens tant des religieux que des bonnes gens des environs qui illec les avoient retraits, entièrement aussi arses et brûlés à l'occasion dudit feu. Il y avoit dudit brûlement commune voix et renommée en la cité d'Autun et dans les villages de Saint-Martin, de Saint-Symphorien et autres lieux environnants. »

La plus inconséquente et la plus invétérée des hérésies modernes, le protestantisme amena, bientôt après sa naissance, les troubles politiques et la guerre civile. Ses sectateurs protestaient à la fois contre Dieu, contre le Pape, contre les souverains et l'ordre social. En 1567, après avoir occupé la majeure partie de la Bourgogne, ils s'avancèrent, en profanant les églises et les choses saintes, jusqu'aux portes d'Autun, *la cité du Christ*. Trois ans plus tard, ils livrèrent l'abbaye de Saint-Symphorien au pillage et brûlèrent l'église. Une partie des ossements du martyr, renfermés dans une magnifique châsse, devint la proie des flammes. Des soldats ivres de vin et de sang emportaient d'une main les dépouilles du monastère tandis que, de l'autre, ils allumaient l'incendie qui dévora les ornements et les vases sacrés. Les religieux échappèrent, par la fuite, au supplice qui les attendait. Quand l'armée barbare se fut éloignée, ils revinrent pleurer sur les ruines de leur abbaye et recueillir les reliques que les hérétiques avaient épargnées. La ville d'Autun, pour remercier Dieu d'avoir été moins maltraitée que le monastère, fit vœu d'établir, chaque année, une procession à la chapelle des frères mineurs. Outre les ravages matériels, l'hérésie causa de grands ravages dans les âmes en leur arrachant la foi catholique.

Les religieux de l'abbaye de Saint-Symphorien réparèrent à la hâte une partie des anciennes constructions afin d'y reprendre, malgré le malheur des temps et les continuelles menaces des huguenots, leur vie de prière et d'expiation. Vers la fin du seizième siècle, l'église abbatiale faillit écraser, en s'écroulant, un grand nombre de pieux fidèles qui s'y étaient rendus secrètement pour assister aux offices. Lorsque les matériaux destinés à relever les murailles furent réunis, des mains rapaces s'en emparèrent, et le travail de restauration demeura encore longtemps à l'état de projet. Un édit d'Henri IV, qui reprochait aux Autunois d'avoir embrassé le parti de la Ligue, ordonna de faire à l'abbaye de Saint-Symphorien les réparations nécessaires, et promit « qu'il ne serait fait aucun autre exercice de religion que celui de la religion catholique, apostolique et romaine, soit secrètement, soit en public, dans la ville, les faubourgs et la banlieue. » Le chapitre de Saint-Symphorien, à peine relevé de ses désastres, consentit à payer la moitié des dettes qu'Autun avait contractées pendant les guerres des Ligueurs. On voit quel patriotique usage il faisait de ses richesses, quand elles étaient respectées par les puissants exacteurs de l'époque.

Deux usages singuliers obligeaient, en 1578, le prieur du monastère à faire sonner les cloches à la mort des principaux habitants du village, et les bouchers d'Autun à donner aux religieux les *langues des bêtes bovines* qu'ils tuaient *l'avant-veille, la veille et le jour de la fête du bienheureux martyr.*

Au dix-septième siècle, l'abbaye de Saint-Symphorien passa sous la direction des chanoines réguliers de la Congrégation de France, avec cette clause que « les anciens religieux auraient droit aux services accoutumés pour le repos de leur âme; qu'ils resteraient exempts de la juridcition des nouveaux chanoines, et pourraient, tant qu'ils seraient au moins quatre, élire un d'entre eux sous-prieur et lui obéir à la manière ordinaire; qu'ils occuperaient les premières places au chœur après les dignitaires, et officieraient, s'ils le voulaient, aux fêtes les plus solennelles de l'année; qu'ils concourraient à nommer les délégués aux assemblées du clergé; qu'ils continueraient à jouir de leurs logements, jardin et enclos, et à percevoir leur prébende; mais qu'ils abandonneraient l'administration de tous les revenus, tout en se réservant néanmoins une pension de soixante livres pour chacun d'eux; que les offices claustraux, au décès de ceux qui en étaient actuellement pourvus, seraient réunis à la mense conventuelle des Pères de la Congrégation de France. » Dès lors l'abbaye devint le séminaire diocésain, chargé de l'éducation du jeune clergé, jusqu'au moment où les prêtres de Saint-Sulpice enlevèrent aux religieux cette glorieuse et sainte mission.

Quelques années avant la Révolution française, les abbés de Saint-Symphorien étaient enfin parvenus à reconstruire à neuf leur église et leur couvent, avec un luxe d'architecture remarquable. Leurs propriétés s'étaient accrues et tout semblait leur promettre une ère de tranquillité. Dans l'une d'elles existait une coutume superstitieuse racontée par un écrivain bourguignon : « La veille de la Saint-Jean, chaque ménage était obligé sous peine d'amende d'envoyer une personne au cimetière. Tous étant rassemblés, on entourait l'église et l'on dansait un branle au son des cloches, en chantant à perte d'haleine : *Messire saint Jean, voici ta fête! Messire saint Jean, réjouis-toi!* » Cette pratique ne fut abolie qu'au dix-huitième siècle, grâce aux exhortations des religieux qui travaillaient constamment à adoucir les mœurs et à corriger les vices de leurs vassaux.

Ils chantaient paisiblement les louanges du Seigneur sur la tombe de saint Symphorien, depuis treize siècles, lorsque par ordre de la République une bande de nouveau vandales les chassa de leur demeure. Pour échapper aux mauvais traitements réservés à quiconque gardait fidélité à son Dieu et à son roi, ils se cachèrent dans cette région qu'ils avaient enrichie de leurs largesses ou prirent la route de l'exil. Le monastère vendu aux enchères devint la propriété du plus offrant et tomba sous le marteau des démolisseurs; sa charpente et ses matériaux furent vendus en détail et dispersés de toutes parts. En 1807, la crypte et l'église disparurent complétement du sol, et rien n'indiqua plus désormais la place d'un des plus célèbres monastères de France. En face d'une telle catastrophe, la sagesse humaine s'humilie et reconnait le doigt de Dieu qui, dans ses mystérieux desseins, permet la ruine des meilleures institutions humaines!

Monseigneur de Marguerye, évêque d'Autun, eut l'heureuse pensée de rétablir la dévotion à saint Symphorien, de lui bâtir une église, de lui offrir une châsse et de le donner pour patron à la jeunesse studieuse des écoles.

La voix du pontife fut entendue, et de généreuses offrandes, toutes spontanées de la part de la jeunesse, lui ont permis de réaliser ses vœux et de rendre à saint Symphorien le culte que lui doit la terre éduenne.

Si le jeune martyr d'Autun a reçu, dans tous les temps, les hommages des peuples, s'il compte, aujourd'hui comme aux plus belles époques de foi, de nombreux sanctuaires dans toutes les parties de la France, il faut attribuer la confiance des fidèles à la puissance du héros dans le ciel. Cette puissance, en multipliant les prodiges, en distribuant les grâces, ne s'affaiblit point; et il ne tient qu'à nous d'en faire l'expérience, en répétant cette prière de l'Eglise : « O Dieu qui avez entouré tous les saints de votre glorieuse protection et accordé le secours spirituel de la grâce à notre bienheureux martyr Symphorien; qui avez daigné l'appeler du milieu des supplices d'une mort injuste à cette gloire dont il jouit; faites qu'une foi semblable à la sienne nous associe à son martyre, quoique nous n'ayons plus comme lui à combattre dans l'arène, à verser notre sang sous le glaive de la persécution : afin que, comme il est arrivé au ciel par un chemin dur et pénible et en traversant les angoisses d'une douloureuse passion, ainsi nous y arrivions nous-mêmes au moins par le mépris des voluptés terrestres. »

FIN

TABLE

— LILLE. TYP. J. LEFORT. MDCCCLXVII —

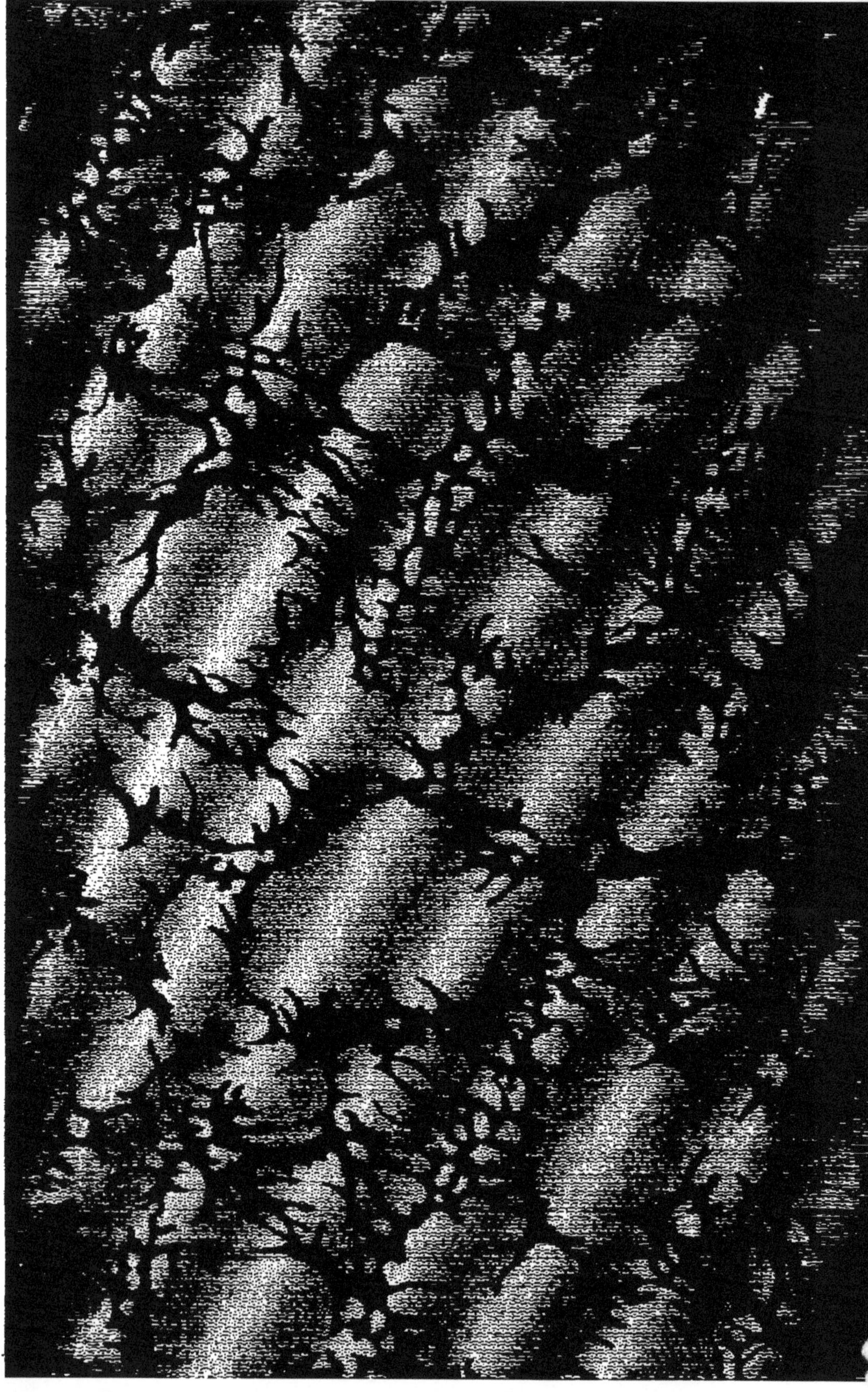

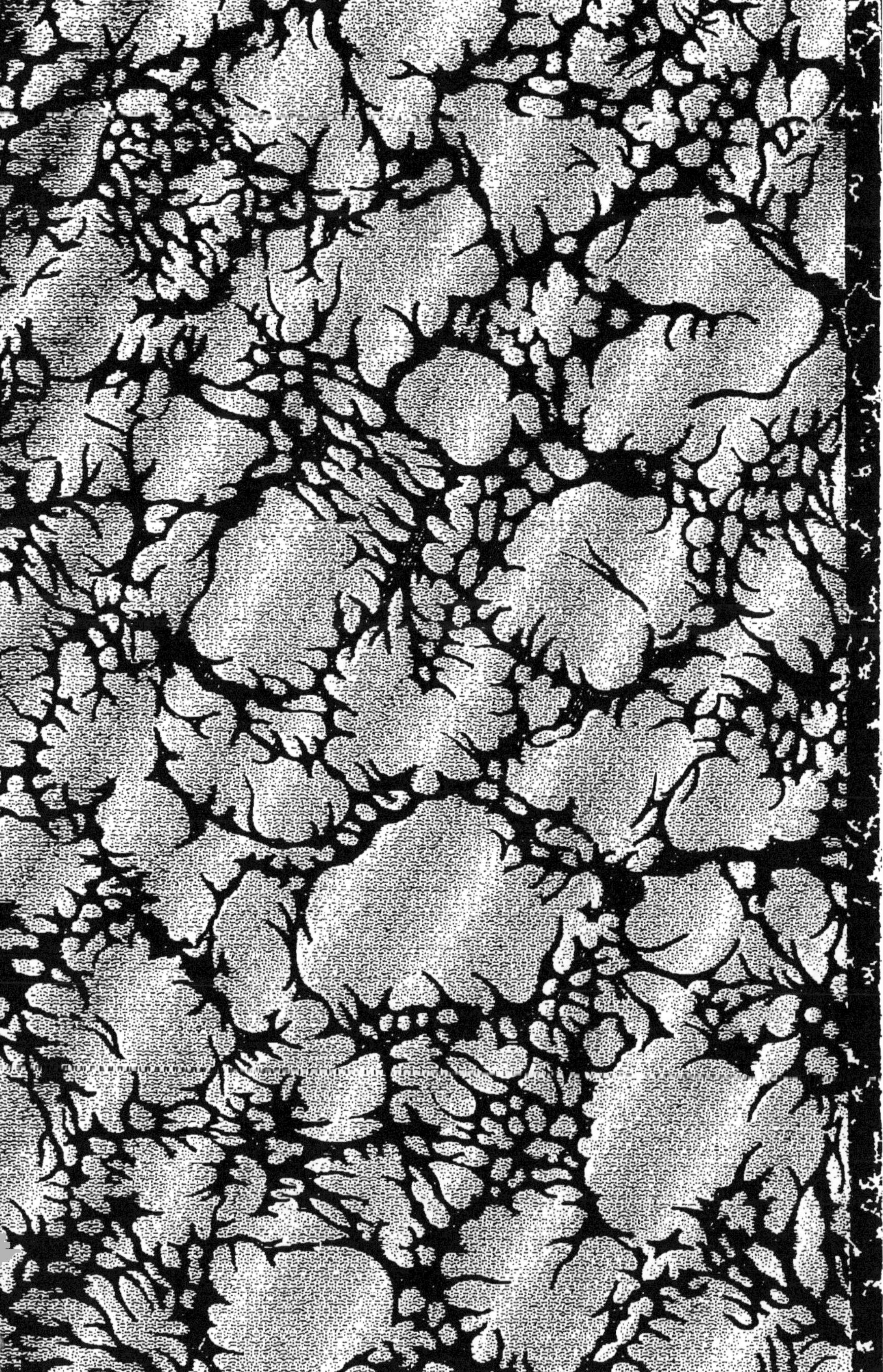

www.ingramcontent.com/pod-product-compliance
Ingram Content Group UK Ltd.
Pitfield, Milton Keynes, MK11 3LW, UK
UKHW012224240726
13966UKWH00003B/936